CATALOGUE
DES LIVRES

DE LA BIBLIOTHÉQUE

DE FEU M. P. F. J. GOSSELLIN,

MEMBRE DE L'INSTITUT ROYAL DE FRANCE, (ACADÉMIE DES INSCRIPTIONS ET BELLES-LETTRES,) L'UN DES CONSERVATEURS-ADMINISTRATEURS DE LA BIBLIOTHÉQUE ROYALE, ETC.

Dont la Vente se fera le mercredi 19 janvier 1831, et jours suivans, à six heures très précises de relevée, en l'une des salles de la maison Silvestre, rue des Bons-Enfans, n° 30.

Les Adjudications seront faites par Mᵉ Bonnefons de la Vialle, Commissaire-Priseur, rue Saint-Marc, n° 14.

A PARIS,

Chez De Bure frères, Libraires de la Bibliothéque royale, rue Serpente, n° 7.

1830.

AVERTISSEMENT.

SI la bibliothéque de feu M. GOSSELLIN, membre
de l'Institut, et célèbre par ses travaux sur la géographie ancienne, n'est point considérable, c'est
qu'elle n'est presque composée que des livres relatifs à son genre d'études. On y trouve, en effet,
les bonnes éditions des auteurs grecs et latins qui
ont écrit sur la géographie, un assez grand nombre de cartes géographiques, et de bons livres sur
les médailles, dont il a laissé une belle collection.
Parmi ces livres, nous ferons remarquer les nos 267,
Strabon, trad. en français, par MM. du Theil,
Gossellin, etc. 5 vol. in-4° Gr. Pap. Vél. très rare;
n° 332, Collection des Ouvrages de d'Anville, l'une
des plus complètes que l'on puisse former, puisque
M. Gossellin y a joint les Mémoires qui sont imprimés dans le recueil de l'Académie des Inscriptions; n° 448, Dessins originaux du Voyage en
Sibérie, par Chappe d'Auteroche; n° 721, Description de l'Égypte, publiée par le Gouvernement;
et le n° 908, Histoire littéraire des Troubadours,
par Millot. Exemplaire très curieux, comme on
peut le voir par la note à la suite du titre. On sera
étonné de ne point trouver les ouvrages de M. Gossellin parmi les livres de sa bibliothéque; ils y

étaient, mais ils ont été gardés par la famille ; nous mettons ici les titres des principaux.

Le Supplément qui se trouve à la suite de ce Catalogue ne dépend point de la bibliothéque de M. Gossellin ; nous l'y avons joint, parce que ce choix de livres eût été trop peu considérable pour en faire une vente séparée. Il se compose presque exclusivement d'une belle collection des auteurs *variorum*, in-8°, qui a été formée par un amateur connu. Les exemplaires sont en général très beaux, et beaucoup sont dans leur première reliure en vélin.

Canillianguory

Schaubeck.

m⁰ Destelle

cluzel

mᵐᵉ Destelle

malafait

y . ash . pz⁺

imparfait

p⁻

Simonet.

CATALOGUE
DES LIVRES

DE LA BIBLIOTHÉQUE
DE FEU M. GOSSELLIN.

THÉOLOGIE.

1. Biblia. *Lutetiæ, Rob. Stephanus,* 1545, *in-8. vel. l. r.* 2-95

2. Biblia Sacra vulgatæ edit. *Coloniæ,* 1679, 6 *vol. in-32. v. b.* 3-90

3. Eadem. *Colon. Agripp.* 1682, *in-8. v. b.* --- 5.

4. Biblia Sacra, cum annot. Vatabli. *Paris.* 1729, 2 *vol. in-fol. v. m.* 6-55

5. La Sainte Bible, trad. (par N. Legros). *Cologne,* 1739, *in-12. v. b.* 4.

6. La même. *Paris, Desoer,* 1819, *in-8. cart.* --- 6.

7. Oratio dominica, 150 linguis versa, et propriis cujusque linguæ characteribus plerumque expressa, ed. J. J. Marcel. *Paris. typ. imp.* 1805, *gr. in-4. cart.* 16-95

8. De Hebræis urbium, locorum, populorumque nominibus libellus, ex veteri Testamento congestus, per M. Auro-Gallum, hebraice et lat. *Wittenbergæ,* 1526, *pet. in-8. parch.*

9. Conjectures sur les Mémoires originaux dont il paraît que Moïse s'est servi pour composer le livre de la Genèse, par Astruc. *Bruxelles,* 1753, *in-12. v. j.* 7-50

10. Traité de la situation du Paradis terrestre, par D. Huet. *Amst. in-12. v. b.* 2-

58 — — 11. Sam. Bocharti Opera omnia. *Lugd. Bat.* 1712, 3 *vol. in-fol. fig. v. b.*

10-95 12. Sacrorum Bibliorum Concordantiæ. *Colon. Agrip.* 1684, *in-8. v. b.*

2-95 13. Idem Opus. *Lugd.* 1687, *in-4. v. b.*

38 — — 14. Collectio nova patrum et scriptorum græcorum, Eusebii Cæsariensis, Athanasii, etc. gr. et lat. studio B. de Montfaucon. *Parisiis,* 1706, 2 *vol. in-fol. v. b.*

2 — — 15. De Imitatione Christi libri iv, ed. J. B. M. Gence. *Paris.* 1826, *in-8. dem. rel.*

5 — 5 — 16. De l'Imitation de Jésus-Christ, traduct. nouvelle, (par Gence.) *Paris,* 1820, *in-12. dem. rel.* = Dissertation sur 60 traductions françaises de l'Imitation de Jésus-Christ, par A. A. Barbier. *Paris,* 1812, *in-12. dem. rel.*

1 — 60 17. Méditations affectueuses sur la vie de la très sainte Vierge, par le P. E. Binet. *Anvers,* 1632, *pet. in-8. fig. vél.*

1 — — — 18. L'Alcoran de Mahomet, trad. de l'arabe, par Du Ryer. *Anvers,* 1719, *in-12. parch.*

JURISPRUDENCE.

1 — — 19. B. Sutholt Dissertationes quibus universum jus institutionum explicatur. *Lugd. Bat. ex off. Elzevir.* 1633, *in-12. vél.*

15-50 20. Commentaire sur la loi des douze Tables, par Bouchaud. *Paris,* 1803, 2 *vol. in-4. cart.*

1-60 21. De l'Esprit des Loix, par de Montesquieu. *Londres,* 1768, 4 *vol. in-12. v. m.*

22. Théorie des Loix civiles, par Linguet. *Lond.* 1767, 2 *vol. in-12. v. m.*

73 — 5 23. Ordonnances des Rois de France. *Paris, Impr. Imp.* 1811, *les tomes* xv *à* xviii, 4 *vol. in-fol. br.*

Simonet.
porquet
Schanbeck
mcquignon jr.

potey

paravicino

p.

malafait

p.

Crozet.

Simonet.

11. Wei.
~~12. Kop. Verif.~~

14. Let. ash. mit

16. Rod.

20. Kop. ait

23. No.

p.

malafait

malafait.

ry. Cour. p^t

Racine

m^me Dastilles

30. ash. ax^t   piqué dans les marges   Labitte

31. tri.

Dabin

p.

24. Collection de Lois maritimes antérieures au
xviiie siècle, par M. Pardessus. *Paris, Imp. Roy.*
1828, *in-4. br. tome* Ier.   5.

25. Coustumes et usages de la ville de Lille. *Lille,*
1723, *in-4. vél.*

26. Discours qui a remporté le prix à l'Académie
de Chaalons, en 1783, sur cette question : Quels
seraient les moyens de rendre la justice en
France, avec le plus de célérité, et le moins de
frais possibles, (par Bucquet.) *Beauvais,* 1789,
in-4. br.   1 - 50.

27. Le Livre des Récompenses et des Peines, trad.
du chinois, par M. Abel Remusat. *Paris,* 1816,
in-8. dem. rel. Pap. Vél.   3 - 5.

SCIENCES ET ARTS.

Philosophie. Politique, etc.

28. Ocellus Lucanus, et Timée de Locres, en grec,
trad. en franç. par Batteux, et Histoire des Cau-
ses premières, par le même. *Paris,* 1768, 2 *vol.*
in-8. v. m.   4 - 40.

29. Platonis Dialogi v, gr. et lat. ex recens. et
cum not. N. Forster. *Oxonii, e typ. Clarend.*
1765, *in-8. v. b.*   4 - 50.

30. Aristotelis Opera omnia, gr. et lat. cum notis
G. Duval. *Lut. Paris.* 1629, 2 *vol. in-fol. v. b.*   20.

31. Discorsi di N. Vito di Gozze sopra le Meteore
d'Aristotele. *In Venetia,* 1584, *in-4. m. cit.*   31 - 5 - 2
     Exemplaire de de Thou.

32. De la Philosophie de la Nature, par Delisle
de Sales. *Paris,* 1804, 10 *vol. in-8. br.*   8 - 50.

33. Instituts politiques et militaires de Tamerlan,
appelé Timour, trad. du persan par Langlès.
Paris, 1787, *in-8. fig. v. rac.*   2 - 60.

34. Théorie des Gouvernemens, par de Beaujour. *Paris*, 1823, 2 *vol. in*-8. *dem. rel.*

35. Traité d'Economie politique, par J. B. Say. *Paris*, 1814, 2 *vol. in*-8. *br.*

36. Considérations sur les systèmes suivis en France dans l'administration des finances, par A. Séguin. *Paris*, 1824, 4 *vol. in*-8. *br. et* 23 *autres broch. du même sur le même sujet.*

37. Traité des Monnoyes, par J. Boizard. *Paris*, 1711, 2 *vol. in*-12. *v. b.*

38. Rapports du Jury sur les Produits de l'Industrie française, pour les années 1806, 1819, 1823 et 1827. *Paris*, 1806-28, 4 *vol. in*-8. *br.*

39. Tableau du Commerce de la Grèce, depuis 1787 jusqu'en 1797, par Félix Beaujour. *Paris, an* VIII, (1800,) 2 *vol. in*-8. *br.*

40. Observations sur le Commerce des Etats américains, par lord Sheffield. *Rouen*, 1789, *in*-4. *br.*

41. Essai philosophique concernant l'Entendement humain, par Locke, trad. de l'angl. *Amst.* 1735, *in*-4. *v. b.*

42. De l'Esprit, (par Helvétius.) *Paris*, 1759, *in*-8. *v. éc. dent.*

43. Essai sur l'Histoire de l'Espèce humaine, par M. Walckenaer. *Paris*, 1798, *in*-8. *dem. rel.*

Physique. Histoire naturelle générale.

44. OEuvres de Nollet, 12 *vol. in*-12. *fig. v. m.* savoir : Lettres sur l'Electricité. *Paris*, 1760, 3 *vol.* = L'Art des Expériences, *ibid.* 1770, 3 *vol.* = Leçons de Physique, *ibid.* 1764, 6 *vol.*

45. La Physique des Gens du monde, enseignée en 20 leçons, trad. de l'angl. par C. de Cheppe. *Paris*, 1825. = La Chimie enseignée en 26 leçons, trad. de l'angl. par Payen, *ibid.* 1825. = La Minéralogie enseignée en 24 leçons, par Amon-

Crozet.

poullain.

p.

m^m Dastelle

Rouanet.

p.

p.

43. Van. p^t y

p.

Racines

Racine

47 ins.

48. Kop.
49. Luc. hz⁺ ash. mz⁺
50. dug. Luc. ii⁺ ash. px⁺

Labitte

Cordier

53. dem.

Malhac

Silvestre

P.

dieu. *Paris*, 1826. = L'Entomologie enseignée
en 15 leçons. *Paris*, 1826, 4 *vol. in-*12. *fig.
dem. rel.*

46. Observations sur quelques objets d'utilité publique, pour servir de prospectus à la seconde
partie de la Physique du monde, (par Marivest.)
Paris, 1786, *gr. in-*8. *v. j.*

47. Nouvelles Recherches sur les découvertes mi-
croscopiques, par Spallanzani, trad. de l'ital.
Paris, 1769, *in-*8. *fig. v. m.* = Le Microscope
moderne, par C. Rabiqueau. *Paris*, 1781, *in-*8.
fig. v. m.

48. C. Plinii Secundi Historia natur. lib. XXXVII.
Lugd. Bat. ex offic. Elzev. 1635, 3 *vol. in-*12. *vél.*

49. Idem Plinius, cum not. var. cur. J. F. Gronovio. *Lugd. Bat.* 1669, 3 *vol. in-*8. *v. b.*

50. Idem, cum notis J. Harduini. *Parisiis*, 1723,
3 *vol. in-fol. v. m.*

51. Idem, curante J. P. Millero. *Berolini*, 1766,
5 *vol. in-*12. *v. j.*

52. Idem, curante C. Alexandre. *Parisiis, Le-
maire*, 1827, *in-*8. *br. les quatre premiers tomes
en 5 vol.*

53. Histoire naturelle de Pline, traduction nouv.
par M. Ajasson de Grandsagne, avec le texte en
regard. *Paris*, 1829, *in-*8. *br. les tomes* 1, 2, 3,
4 *et* 6, *cinq vol.*

54. C. a Linné Systema Naturæ. *Vindobonæ*, 1767,
4 *vol. in-*8. *v. m.*

55. Histoire nat. générale et particulière du Cabinet
du Roi, par MM. de Buffon et d'Aubenton. *Par.
Imp. Roy.* 1752, 69 *vol. in-*12. *fig. v. m.* savoir:
Histoire naturelle, 31 *tom. en* 32 *vol.* = Supplément 12. = Oiseaux 18. = Minéraux 8.

56. Observations de Lamoignon-Malesherbes sur

l'Histoire naturelle de Buffon. *Paris, 1798, 2 vol. in-8. v. r.*

57. Etudes de la Nature, par J. H. Bernardin de Saint-Pierre. *Paris, Imp. de Monsieur, 1784, 4 vol. in-12. fig. v. m.*

Histoire naturelle des Elémens, des Minéraux, etc.

58. Cleomedis Meteora, gr. et lat. ex vers. et cum not. R. Balforei. *Burdigalæ, 1605, in-4. m. r.* Exemplaire de de Thou.

59. Discours sur les Révolutions de la surface du globe, par M. Cuvier. *Paris, 1825, in-8. dem. rel.*

60. Géographie physique, ou Essai sur l'histoire naturelle de la Terre, trad. de l'angl. de Wodward. *Paris, 1735, in-4. v. b.*

61. Lettres sur l'histoire physique de la Terre, par De Luc. *Paris, 1798, in-8. v. r.*

62. Lettres physiques et morales sur les Montagnes, et sur l'histoire de la Terre et de l'Homme, par De Luc. *La Haye, 1778, in-8. v. r.* = Mémoire sur la structure intérieure de la Terre, par E. Bertrand. *Zuric, 1752, in-8. v. m.*

63. Œuvres complètes du chev. Hamilton, (sur les Volcans, etc.) commentées par Giraud Soulavie. *Paris, 1781, in-8. v. m.*

64. L'Histoire naturelle éclaircie dans une de ses parties principales, l'oryctologie, qui traite des terres, des pierres, des métaux, etc. (par Dezallier d'Argenville.) *Paris, 1755, in-4. fig. v. m.*

65. Minéralogie, par Wallerius, trad. de l'allem. *Paris, 1753, 2 vol. in-8. vél.*

66. Histoire naturelle des Minéraux, par Patrin. *Paris, an IX, (1801,) 5 vol. in-18. fig. dem. rel.*

67. Tableau méthodique des Espèces minérales, par M. Lucas. *Paris, 1806, 2 vol. in-8. dem. rel.* = De la Minéralogie, par le même. *Paris, 1818, in-8. dem. rel.*

jamas

p.

silvestre

idem

Simonet

Racine

meilhac

ash. a⁺-y
58. tri. ellel.
59. of.
60. ins.
61. of.

70. Rod.

p.

p.

ajouté action du feu central, par
Rome delisle, in 8°

Silvestre

74. Wei.

Silvestre

méthac

68. Essai de Cristallographie, par Romé Delisle.
Paris, 1772, *in*-8. *fig. v. m.* = Voyage aux Iles
de Lipari, par Dolomieu. *Paris*, 1783, *in*-8. *bas.*

69. Cristallographie, ou Description des formes
propres à tous les corps du règne minéral, par
de Romé de Lisle. *Paris*, 1783, 4 *vol. in*-8. *fig.*
v. m.

70. Elémens de Minéralogie docimastique, par
Sage. *Paris, Imp. Roy.* 1777, 2 *vol. in*-8. *v. j.*

71. Description méthod. du cabinet de l'Ecole des
Mines, par Sage. *Paris, Imp. Roy.* 1784, *in*-8.
v. m. = Description méthod. d'une collection
de Minéraux du cabinet de M.... par de Romé
Delisle. *Paris*, 1778, *in*-8. *v. m.* = Des caractères des Minéraux, par le même. *Paris*, 1784,
in-8. *v. m.*

72. Gemmarum et Lapidum Historia, auct. A Boetio
de Boot. *Lugd. Bat.* 1636. = J. de Laet, de Gemmis
et Lapidibus lib. ii, quibus præmittitur Theophrasti lib. de Lapidibus, gr. et lat. *Lugd. Bat.*
1647, *in*-8. *fig. rel. en peau.*

73. Telliamed, ou Entretiens d'un philosophe in-
dien avec un missionnaire françois, sur la di-
minution de la mer, etc. par Maillet. *Basle*,
1749, *in*-12. *v. m.*

74. Essai sur l'histoire naturelle de la mer Adria-
tique, trad. de l'ital. de V. Donati. *La Haye*,
1758, *in*-4. *fig. v. m.*

75. Dissertation touchant l'origine du Nil, et autres fleuves, trad. du lat. de Vossius. *Paris*,
1667, *in*-4. *fig. dem. rel.*

Histoire naturelle des Coquilles, etc.

76. L'Histoire naturelle éclaircie dans une de ses
parties principales, la conchyliologie, qui traite
des coquilles de mer, de rivière et de terre, (par

Dezallier d'Argenville.) *Paris,* 1757, *in-4. fig. v. m.*

20 — — 77. Recueil des Planches de la troisième édition de la Conchyliologie, par d'Argenville et Favanne de Montcervelle, publiée en 1780. *dem. rel. non rogné.*

      83 planch. in-4. tirées sur Pap. de Hollande in-fol. Chaque feuille est intercalée de papier blanc. Les planches 69 et 80 sont encadrées.

135 — — 78. Les Délices des yeux et de l'esprit, ou Collection des différentes espèces de coquillages que la mer renferme, par G. W. Knorr. *Nuremberg,* 1764, 6 *parties en 3 vol. in-4. v. m. fig. color.*

10 · 5   79. Histoire naturelle du Sénégal, coquillages, par Adanson. *Paris,* 1757, *in-4. fig. v. m.*

6.95   80. P. S. Pallas elenchus Zoophytorum. *Hag. Com.* 1766, *in-8. v. m.*

2.30   81. Histoire naturelle de l'Islande, du Groenland, etc. par Anderson, trad. de l'allem. *Paris,* 1750, 2 *vol. in-12. fig. v. m.*

6 - 10   82. J. L. Lydi de Ostentis quæ supersunt, una cum fragmento libri de mensibus ejusd. Lydi, gr. et lat. ed. C. B. Hase. *Paris. e Typ. Reg.* 1823, *in-8. dem. rel.*

Médecine, etc.

8·95   83. Nouveaux Elémens de Physiologie, par M. Richerand. *Paris,* 1825, 2 *vol. in-8. dem. rel.*

17 - - 84. Traité d'Ostéologie, trad. de l'angl. de Monro. *Paris,* 1759, 2 *vol. in-fol. max. fig. m. r.*

2 - - 85. Leçons de Chimie, par P. Shaw, trad. de l'angl. *Paris,* 1759, *in-4. m. r. dent.*

86. Mémoires de Chimie, par Lavoisier. 2 *vol. in-8. dem. rel.*

1 - — 87. Recherche sur la découverte de l'essence de rose, par Langlès. *Paris,* 1804, *in-18. br. Pap. Vél.*

meilhac.

Silvestre

Cretaine

gondin

Cordier

78. wei. lus.

79. gnat. am⁺

80. wei. Rod.

82. van. x⁺ Rod

83. van. b⁺ y

89. Cons. az^+ ash. mz^+

90. Cons. x^+ ash. dz^+

91. Leip. xz^+ ash. az^+

92. Mel. hi^+ ash. mi^+

93. C.

96. ash. a^+-y

97 mac.

p.

p.

Simonet.

idem

88. Essai pour servir à l'histoire de la putréfac-
tion, (par Mad. Thiroux d'Arconville.) *Paris,*
1766, *in*-8. *m. r.*

Mathématiques, etc.

89. Histoire des Mathématiques, par Montucla.
Paris, 1758, 2 *vol. in*-4. *fig. v. m.*

90. Essai sur l'Histoire générale des Mathématiques, par C. Bossut. *Paris,* 1802, 2 *vol. in*-8. *v. r.*

91. Veterum Mathematicorum, Athenæi, Apollodori, etc. Opera, gr. et lat. *Paris. e Typ. Reg.*
1693, *gr. in-fol. v. m.*

92. Les OEuvres d'Euclide, en grec, en latin et en
françois, par F. Peyrard. *Paris,* 1814, 3 *vol.*
in-4. *dem. rel.*

93. Leçons de Mathématiques, par Saladin. *Lille,*
1775, *in*-4. *fig. dem. rel.*

94. La Trigonométrie rectiligne et sphérique, par
Ozanam. *Paris,* 1765, *in*-8. *fig. bas.* = Loix du
Magnétisme, par Le Monnier. *Paris, Imp. Roy.*
1776, *in*-8. *fig. v. m.*

95. Traités de Calcul différentiel et de Calcul in-
tégral, par C. Bossut. *Paris, an* vi, (1798,) 2 *vol.*
in-8. *fig. v. m.*

96. Tables portatives de Logarithmes, par Callet.
Paris, 1795, *in*-8. *bas.*

97. Tables trigonométriques décimales, calculées
par Borda, revues par Delambre. *Paris, an* ix,
(1801,) *in*-4. *dem. rel.*

98. Traité théor. et expérim. d'Hydrodynamique,
par C. Bossut. *Paris, l'an* iv, (1796,) 2 *vol. in*-8.
fig. v. m.

99. Journal polytechnique. *Paris, an* iii, (1795,)
les cahiers 1 *à* 6, *in*-4. *br.*

Astronomie, etc.

23. 5   100. Histoire de l'Astronomie ancienne et moderne, et Traité de l'Astronomie indienne et
orientale, par J. S. Bailly. *Paris*, 1775, 1779 et
1787, 5 *vol. in-4. fig. v. m.*

7. 60   101. Mémoires pour servir à l'histoire et au progrès de l'Astronomie, de la Géographie et de la
Physique, par Delisle. *Saint-Pétersbourg,* 1738,
in-4. fig. v. r.

102. Eratosthenis catasterismi, gr. et lat. cum
comment. curante J. C. Schaubach. *Gottingæ,*
1795, *in-8. v. éc.* = H. Schlichthorst Geographia
Africæ Herodotea. *Gottingæ,* 1788, *in-8. bas.*

2 __ __   103. Astronomie solaire d'Hipparque, soumise à
une critique rigoureuse, par M. Marcoz. *Paris,*
1828, *in-8. dem. rel.*

35-95   104. Ptolemæi Mathematicæ constructionis lib. 1us,
gr. et lat. edente E. Reinholt. *Wittebergæ,* 1549.
= Elementale Cosmographicum, quo totius
Astronomiæ et Geographiæ Rudimenta docen-
tur. *Argent.* 1539. = M. Borrhai in Cosmographiæ elementa comment. *Basil. fig. pet. in-8.
m. vert.*
Exemplaire de de Thou.

1 - 50   105. C. Ptolemæi Phænomena, ex interpret. G. Tra-
pezuntii. *Colon. Agripp.* 1537, *in-fol. fig. v. b.*

106. Almagestum Cl. Ptolemæi, lat. *Venetiis,* 1515,
in-fol. góth. fig. v. m.

9 - -   107. Composition mathématique de Ptolémée,
trad. du grec en françois, avec le texte en regard, par Halma. *Paris,* 1813, 2 *vol. in-4. dem. rel.*

108. Commentaire de Theon sur le 1er livre de
la composition mathématique de Ptolémée, trad.
en françois par Halma, avec le texte grec en
regard. *Paris,* 1821, 2 *vol. in-4. dem. rel. Pap. Vél.*

13. 5   109. Table chronologique des Règnes, prolongée

guilbert.

Cantiangeeury

guilbert

100. ash.mz⁺

102. wei.yan.x

104 bri. C.

p

p

111. wei. C.

112. ~~Let~~ of. C.   moore

113. C.

                                       Simonet.

115. inr.

116. C.   p.
117. ash. et   La Conriere

                                       Cordier

jusqu'à la prise de Constantinople par les Turcs;
apparitions des fixes, de C. Ptolémée, Theon, etc.
trad. en franç. avec le texte grec en regard, par
Halma. *Paris*, 1819, *in-4. fig. dem. rel.*

110. Hypothèses et époques des Planètes de Ptolémée, et Hypotyposes de Proclus Diadochus,
trad. du grec, avec le texte en regard, par Halma. *Paris*, 1820, *in-4. dem. rel.*

111. État des Étoiles fixes au second siècle, par
C. Ptolémée, comparé à la position des mêmes
étoiles en 1786, par Montignot. *Nancy*, 1786,
in-4. fig. bas.

112. Recherches sur l'origine et la signification
des Constellations de la sphère grecque, (par
C. G. Schwartz,) trad. du suédois. *Paris,* 1807,
in-8. fig. dem. rel.

113. Introductorium in Astronomias Albumasaris,
Abalachi. *Augustæ Vindel.* 1489, *in-4. goth. vél.
fig. en bois.*

114. Tabulæ long. ac lat. stellarum fixarum, ex
observatione Ulugh Beighi, persice et lat. ed.
T. Hyde. *Oxonii,* 1665, *in-4. v. b.*
La moitié du titre est déchirée.

115. Description et explication des Globes qui
sont placés dans les pavillons du château de
Marly, par de la Hire. *Paris*, 1704, *in-8. v. b.*
On trouve en tête de ce volume la note suivante : « Il n'a
été tiré que quelques exemplaires de cet ouvrage, composé par
ordre de Louis xiv, et pour ce monarque. » *Voyez l'Essai historique sur la Bibliothèque du Roi*, (par Leprince,) *in-12.*
page 13 de l'Avertissement.

116. Atlas céleste de Flamsteed. *Paris*, 1776, *in-4.
dem. rel.*

117. Astronomie, par Delalande. *Paris*, 1771,
4 vol. *in-4. v. m.*

118. Connaissance des Temps. *Paris*, années 1759,
1783 à 1786, 1795; *les années* vii *à* xiv, 1807 *à*
1811, *et* 1827, 19 *vol. in-8. br. et cart.*

119. Exposition du Système du monde, par de Laplace. *Paris*, 1824, *in-4. dem. rel.*

120. Proposition d'une Mesure de la terre, par d'Anville. *Paris*, 1735, *in-12. v. j.*

121. La Figure de la terre, par Bouguer. *Paris*, 1749, *in-4. fig. v. m.* = Exposition des Découvertes philosophiques de Newton, par Maclaurin, trad. de l'angl. *Paris*, 1749, *in-4. fig. v. m.*

122. Métrologies constitutionnelle et primitive, comparées entre elles, et avec la Métrologie d'ordonnances, (par Lesparat.) *Paris*, 1801, *2 vol. in-4. dem. rel.*

123. Base du Système métrique décimal, par MM. Méchain et Delambre. *Paris*, 1806, 3 *vol. in-4. dem. rel.*

124. Métrologie française, ou Traité du Système métrique, par Brillat et Bazaine. *Paris*, 1806, *in-8. fig. dem. rel.*

125. Tables de comparaison entre les Mesures anciennes et celles qui les remplacent dans le nouveau Système métrique. *Paris, an* vi, (1798,) *in-8. dem. rel.* = Recueil des Lois et Instructions relatives aux nouveaux poids et mesures. *Paris, an* vi, (1798,) *in-8. dem. rel.*

126. Censorinus, de Die natali, ex recens. H. Lindenbrogii. *Lugd. Bat.* 1642, *pet. in-8. m. cit. dent.*

127. Idem Opus, cum not. var. et ex recens. S. Havercampi. *Lugd. Bat.* 1767, *in-8. v. j.*

128. L'Art de conduire et de régler les Pendules et les Montres, par F. Berthoud. *Paris*, 1805, *in-12. fig. br.*

129. Manuel d'Optique expérimentale, par C. Bourgeois. *Paris*, 1821, 2 *vol. in-12. obl. fig. br.*

130. Nouveau Traité de Navigation, par Bouguer. *Paris*, 1769, *in-8. fig. v. m.* = Dissert. sur la manière de déterminer les Longitudes en mer, par de la Coudraye. *Utrecht*, 1783, *in-8. bas.*

Simonet —

Mme Dostelle   avec un 2.e Exemplaire   119. ash. h.+

Simonet —

id.^{cm}

p.^r

Moore

p.^r

Mme Siitel   127. ash. h.+-y

James

Crozet —

Silvestre

guilbert.

133. Van. x + 20 c.   Simonet.

134. ambr. Van. 6 + 20 c. Roch.   idem

135. ambr. Roch.   idem

                                       idem

137. ambr. Van. Roch.   idem

                                       Deflorcine
                                       malafait
                                       p.

131. Exposé des travaux relatifs à la reconnaissance hydrographique des côtes occidentales de France, par Beautemps-Beaupré. *Paris, Imp. Roy.* 1829, *in-4. dem. rel.*

132. Ah! come tutto mi consolar, aria del Sig^r Nicolo Piccini, *in-4. obl. de 20 pages.*
M. Gossellin a écrit en tête : « Cette partition a été copiée par Jean-Jacques Rousseau, en 1774. »

Traités des Arts libéraux, etc.

133. Lettres sur le préjudice qu'occasionnerait aux arts et à la Science le déplacement des Monumens de l'art de l'Italie, par M. Quatremère de Quincy. *Rome,* 1815, *in-8. dem. rel.* = Essai sur la nature, le but et les moyens de l'imitation dans les Beaux-Arts, par le même. *Paris,* 1823, *in-8. dem. rel.*

134. Discours historiques sur la Peinture moderne, par M. Emeric-David. *Paris,* 1812, *in-8. dem. rel.* = Considérations morales sur la destination des Ouvrages de l'art, par M. Quatremère de Quincy. *Paris,* 1815, *in-8. dem. rcl.*

135. Recherches sur l'Art statuaire, par T. B. Emeric-David. *Paris,* 1805, *in-8. dem. rel.* = Appendice au même ouvrage, ou seconde Lettre de M. Giraud à M. Emeric-David, suivie de réponses. *Paris,* 1806, *in-8. dem. rel.*

136. Traité des manières de graver en taille-douce, par A. Bosse. *Paris,* 1645, *in-8. fig. v. b.*

137. Discours historique sur la gravure en taille-douce, par M. Emeric-David. *Paris,* 1808. = Essai chronologique sur le classement des Sculpteurs grecs, par le même. = Essai historique sur la Sculpture française, par le même, etc. *4 part. in-8. br.*

138. Un portefeuille renfermant trente-huit Estampes qui seront détaillées, dont : l'Entrée

d'Alexandre, et l'Académie des Sciences, par Séb. le Clerc ; le Coucher, par Porporati ; Cléopâtre, par Strange, etc.

139. Les misères et les malheurs de la Guerre, representez par Jacques Callot. *Paris*, 1633, *in-4. oblong, en feuilles, 18 pièces.*

140. Recueil de trois cents Têtes et Sujets de composition, gravés par le comte de Caylus, d'après les pierres gravées antiques du cabinet du Roi. *In-4. dem. rel.*

141. Notice des Estampes exposées à la Bibliothéque du Roi, par M. Duchesne aîné. *Paris*, 1823, *in-8. br.*

Architecture, etc.

142. M. Vitruvii Pollionis de Architectura lib. x, cum comment. D. Barbari. *Venet.* 1567, *in-fol. fig. vel.*

143. Abrégé des dix livres d'Architecture de Vitruve. *Paris*, 1674, *in-12. fig. v. b.* = Pratique de la Géométrie, par S. le Clerc. *Paris*, 1682, *in-12. fig. v. b.*

144. Temples anciens et modernes, ou Observations hist. et crit. sur les plus célèbres Monumens d'architecture grecque et gothique, (par Avril.) *Paris*, 1774, *in-8. fig. v. éc.*

145. Mémoires militaires sur les Grecs et les Romains, par C. Guischardt. *Lyon*, 1760, 2 *vol. in-8. fig. v. m.*

146. Poliercétique des anciens, ou de l'attaque et de la défense des Places avant l'invention de la poudre, par M. Dureau de la Malle. *Paris*, 1819, *in-8. br.*

147. Académie de l'Espée, par Girard Thibault. 1628, *in-fol. atlant. vel. dent. fig. de Bolswert.*

148. Traité de la Chasse de Xénophon, trad. en

Simonet.

Crétaine

Simonet.

P.

Mme Bista

P.

146. van. h^t

Simonet.

147. No.

Simonet.

Moore

152. wei. cous. m⁺ ambr. jom⁺

moore

154. cous. m⁺ ambr. jom. jR.

heber

156. van. h⁺ 20 c.   + et de Lexicographia I vol.

157. cous. m⁺ inf.   p.me Destille

                    mouillé   moore
159. Luc. b⁺ ash. az⁺ tous piqué.   p.

                              moore
                              m.c Destille
                              th. Sarran fili.
                              heber

franç. par Gail. *Paris*, 1801, *in-12. v. r. Pap. Vél.*

149. Recherches physiques et chimiques sur la fabrication de la Poudre à canon, par Charpentier Cossigny. *Paris*, 1807, *in-8. br.*

150. Recueil de procédés et d'expériences sur les Teintures solides, par Dambourney. *Paris*, 1786, 2 *vol. in-8. br.* } 1.

BELLES-LETTRES.

Traités généraux de Grammaire, etc.

151. Observations fondamentales sur les Langues anciennes et modernes, par Le Brigant. *Paris*, 1787, *in-4. dem. rel.*   3. 60.

152. Recherches hist. et crit. sur la Langue et la Littérature de l'Égypte, par M. E. Quatremère. *Paris*, 1808, *in-8. dem. rel.*   8. 5

153. Grammaire de la Langue arabe vulgaire et littérale, par Savary. *Paris, Imp. Impér.* 1813, *in-4. br.*   7. 10.

154. Recherches sur les Langues Tartares, par M. Abel Remusat. *Paris, Imp. Roy.* 1820, *in-4. br. tom. Ier.*   14. 5.

155. Alphabet Mantchou, par L. Langlès. *Paris, Imp. Impér.* 1807, *in-8. dem. rel.*   2.

156. Abrégé d'un cours complet de Lexicologie, par Butet. *Paris*, 1801, *in-8. br.*   2. 50

157. An analytical Essay on the greek Alphabet, by R. Payne Knight. *London*, 1791, *gr. in-4. fig. v. rac.*   18.

158. J. Scapulæ Lexicon græco-latinum. *Lugduni*, 1663, *in-fol. v. b.*   13. 5.

159. Auctores linguæ latinæ in unum redacti corpus, cum not. D. Gothofredi. *S. Gervasii*, 1602, *in-4. vél.*   7. 50

151 Double Dem. rel. — — — — — — — — — 3. 65.

151 triple Ebro; — — — — — — — — — 1. 50.

153 Double br. — — — — — — — — — 6.

154 double br. — — — — — — — — — 14. 70.

160. Isidori Hispalensis originum libri **xx.** *Basil. in-fol. dem. rel.*

161. Dictionarium latino-gallicum. *Lut. Car. Stephanus,* 1552, *in-fol. v. b. l. r.*

162. Dictionarium universale latino-gallicum. *Hag. Com.* 1731, *in-8. bas.*

163. Grammaire comparée des Langues de l'Europe latine, dans leurs rapports avec la Langue des Troubadours, par M. Raynouard. *Paris,* 1821, *in-8. dem. rel.*

164. Grammaire romane, ou Grammaire de la langue des Troubadours, par M. Raynouard. *Paris,* 1816, *in-8. dem. rel.*

165. Dictionnaire de l'Académie françoise. *Paris,* 1762, 2 *vol. in-fol. v. m.*

Rhétorique, etc.

166. Dion. Longini de sublimitate libellus, **gr.** et lat. (ex recens. J. Hudson.) *Oxon. e Th. Sheld.* 1718, *in-8. v. b.*

167. Conciones et orationes ex Historicis latinis excerptæ. *Lugd. Bat. ex typ. Elzev.* 1649, *in-18. v. m.*

168. M. Tullii Ciceronis Opera. *Genevæ,* 1660, *in-4. v. b.*

169. De la République, ou du meilleur Gouvernement, ouvrage de Cicéron, par Bernardi. *Paris,* 1807, 2 *vol. in-12. dem. rel.*

170. E. Puteani Suada Attica, sive orationum selectarum syntagma. *Amst. L. Elzev.* 1644, *in-12. vél.* == J. Crucii Suada Delphica, sive orationes XLV varii argumenti. *Amst.* 1665, *in-12. v. b.*

Poètes orientaux et grecs.

171. Yadinadatta-Badha, ou la Mort d'Yadinadatta, trad. du poëme sanskrit, par M. Chezy. *Paris,* 1814, *in-8. br. Pap. Vél.* == Discours pro-

p.   tâché d'humidité

techener

cordier

                                        163. Cous. m
                                             ambr. *

                                        164. ambr. *

Dutot.

Schaubeck.

idem   Sale

p.

p.

heber

taché a mouillé

173. ambr. ash. x+ jom.

176. wei. ash. m+

M.lle Bodot.

M. Datelle

Labitte

malafait.

M.e Datelle

la meme

M.lle Bodot.

la meme

malafait.

Silvestre

noncé à l'ouverture du cours de langue sans-
krite, par le même. *Paris,* 1815, *in-8. br. Pap. Vél.*

172. Poetæ minores græci, gr. et lat. cum animadv.   2.
R. Wintertoni. *Cantab.* 1652, *in-8. dem. rel.*

173. Homeri Opera, gr. et lat. cum annotat. J. A.
Ernesti. *Lipsiæ,* 1759, 5 *vol. in-8. v. éc.*

174. L'Iliade et l'Odyssée d'Homère, trad. en fr.
avec des remarques, par mad. Dacier. *Amst.*
1712, 6 *vol. in-12. fig. v. m.*

175. Homeri Ilias ad veteris codicis veneti fidem
recensita, scholia in eam antiquissima, nunc
primum edidit J. B. C. d'Ansse de Villoison.
Venetiis, 1788, *in-fol. v. éc. Ch. Mag.*

176. Incerti scriptoris græci fabulæ aliquot homericæ, de Ulixis erroribus, gr. et lat. ex
vers. et cum not. J. Columbi. *Lugd. Bat.* 1745,
in-8. v. m.

177. Hesiodi quæ extant, Orphei et Procli Hymni,
gr. et lat. cum italica versione A. M. Salvini.
Patavii, 1747, *in-8. v. m.*

178. Les Poésies d'Anacréon et de Sapho, trad. en
franç. avec des remarques, et le texte grec en
regard, par mad. Dacier. *Amst.* 1716, *in-8. v. j.*

179. Odes d'Anacréon, trad. en franç. avec le texte
grec, la version latine, des notes, etc. par J. B.
Gail. *Paris, Didot, an* VII, (1799,) *in-4. fig. v.
rac. Pap. Vél.*

180. Le même ouvrage. *Paris, an* VIII, (1800,) 2 *vol.
in-18. dem. rel. Pap. Vél.*

181. Apollonii Rhodii Argonauticorum libri IV,
gr. et lat. cum annot. J. Shaw. *Oxonii,* 1779,
2 *tomes en* 1 *vol. in-8. v. éc.*

182. L'Expédition des Argonautes, trad. du grec
d'Apollonius de Rhodes, par M. Caussin. *Paris,
l'an* V, (1797,) *in-8. v. r.*

Poètes latins.

2 .. 50   183. Lucrèce, trad. en franç. par Lagrange, avec le texte en regard. *Paris*, 1768, 2 *vol. in-*12. *fig. v. m.*

1 - 50   184. P. Virgilius Maro, accur. N. Heinsio. *Amst. ex off. Elzev.* 1664, *in-*18. *vél.* = P. Terentii Comœdiæ, ex recens. Heinsiana. *Amst. D. Elzev.* 1665, *in-*18. *vél.*

3 - - -   185. Idem Virgilius, cum not. var. accurante C. Schrevelio. *Lugd. Bat.* 1666, *in-*8. *vél.*

2 - -   186. Idem, accurante N. Heinsio. *Amst. ex off. Elzev.* 1676, *in-*18. *v. b.* = Catullus, Tibullus et Propertius. *Amst.* 1630, *in-*18. *vél.* = Silius Italicus. *Amst.* 1620, *in-*18. *v. b.*

9 · 36 - -   187. P. Virgilii M. Opera, Monumentis illustr. cura H. Justice. (*Hag. Com.* 1757,) 5 *vol. gr. in-*8. *fig. m. r.*

1 - 50   188. Traduction de l'Enéide de Virgile, en vers franç. (par Deloyne d'Autroche.) *Orléans*, 1804, 2 *vol. in-*8. *dem. rel.*

5 - 50   189. Q. Horatius Flaccus. *Birmingh. Baskerville,* 1762, *in-*12. *v. f.*

1 - - 85   190. Idem, cum scholiis J. Bond, ed. N. L. Achaintre. *Paris.* 1806, *in-*8. *dem. rel.*

2 - 30   191. Les Odes d'Horace, trad. en vers, avec le texte en regard, par Vanderbourg. *Paris,* 1812, 2 *tom.* en 3 *vol. in-*8. *dem. rel.*

1 - 50   { 192. Phædri fabulæ, cum not. S. A. Philippe. *Lut. Par.* 1748, *in-*12. *v. m.*
       193. M. Manilii Astronomicon. *Patavii,* 1743, *in-*8. *v. m.*

1 - - 50   194. Idem opus, accessere M. T. Ciceronis Arataea, cum interpret. gallica et not. A. G. Pingré. *Parisiis,* 1786, 2 *vol. in-*8. *v. m.*

14 - 95   195. C. Valerii Flacci Argonautica, cum not. var. cur. P. Burmanno. *Leidæ,* 1724, *in-*4. *vél. dent.*

Schaubeck

Cretaine

Labitte

Schaubeck

Malafait.

idem

Cretaine

Crozet

Cavilian-gaunry

Cordier

Crozet.

184. gu.

195. afh. e^t

Simonet.

197. ambr.

198 mort.

p.

Cordier

Cecilian geary

Simonet.

205. C.

196. Rutilii Cl. Numatiani Galli itinerarium, ex recens. A. Goetzii. *Altorphii*, 1741, *petit in*-8. *dem. rel. dos de m. r.*

Poètes français, etc.

197. Fables inédites des XIIe, XIIIe et XIVe siècles, et Fables de La Fontaine, rapprochées de celles de tous les auteurs qui avoient traité les mêmes sujets, par A. C. M. Robert. *Paris*, 1825, 2 *vol. in*-8. *fig. dem. rel.*

198. La Henriade, par Voltaire, imp. pour l'éducation du Dauphin. *Paris, Didot*, 1790, *in*-4. *cart. Pap. Vél.*

199. Recueil de quatorze Pièces de théâtre, in-8. br. dont : Walpole, par M. Alletz. *Paris*, 1826. = Annibal, et la Reine de Portugal, par M. Firmin Didot. *Paris*, 1817 et 1824. = Clovis et Charlemagne, par M. Nepomucène Lemercier. *Paris*, 1816 et 1820, etc.

200. Jérusalem délivrée, du Tasse, trad. en vers franç. (par Deloyne d'Autroche.) *Paris*, 1810, *in*-8. *dem. rel.*

201. L'Esprit de Milton, ou Traduction en vers franç. du Paradis perdu, (par Deloyne d'Autroche.) *Orléans*, 1808, *in*-8. *dem. rel.*

Mythologie, etc.

202. Apollodori Bibliotheces lib. tres, gr. et lat. ex recens. et cum not. Tan. Fabri. *Salmurii*, 1661, *in*-8. *v. f.*

203. La Mythologie et les Fables expliquées par l'histoire, par Banier. *Paris*, 1738, 3 *vol. in*-4. *v. m.*

204. Dictionnaire mytho-hermétique, par Pernety. *Paris*, 1758, *in*-8. *bas.*

205. Dictionnaire portatif de la Fable, par Chom-

pré, publié par Millin. *Paris*, 1801, 2 *tom. en* 1 *vol. in-8. br.*

206. Fabularum Æsopiarum collectio, gr. et lat. *Oxon. e Th. Sheld.* 1718, *in-8. v. b.*

207. Esope, grec et latin, avec la traduction française, par J. B. Gail. *Paris*, 1796, 2 *vol. in-8. dem. rel.*

208. Le Temple de Gnide, par Montesquieu, avec les figures de Le Mire, et le texte gravé. *Paris*, 1772, *in-4. v. m.*

Critique, etc.

209. A. T. Macrobii opera, cum not. var. *Lugd. Bat.* 1670, *in-8. v. b.*

210. Dictionnaire pour l'intelligence des auteurs classiques grecs et latins, par Sabbathier. *Châlons-sur-Marne*, 1766, *in-8. v. m.*
Les tomes 1 à 35.

211. G. J. Vossii tractatus duo de Historicis latinis et græcis. *Francof. ad Mœn.* 1677, *in-4. v. b.*

212. Lettre critique de M. Bast à M. Boissonade sur Antoninus Liberalis, Parthenius et Aristenete. *Paris*, 1805, *in-8. dem. rel.* = Nouvelles recherches sur la mort d'Alexandre, etc. par M. J. Saint-Martin. *Paris, Imp. Roy.* 1820, *in-8. dem. rel.*

213. Essai sur le génie original d'Homère, trad. de l'angl. de Wood. *Paris*, 1777, *in-8. v. r.* = Réfutation d'un paradoxe littéraire de F. A. Wolf sur les poésies d'Homère. *Paris*, 1798, *in-8. dem. rel.*

214. Commentatio critico-litter. de Cl. Ptolemæi geographia, ejusque codicibus, etc. auct. G. M. Raidelio. *Norimbergæ*, 1737, *in-4. fig. bas.*

215. T. Valpergæ Epistolæ duæ criticæ litterariæ. *Augustæ Taurinorum*, 1812, 2 *part. in-4. br.*

Carilian gœury
malafait.
m.lle Bodot.

recordu par 2 feuillets tous dechirés

Cantian gœury

cawette

f.   avec quelques broderies.

                                   212. Cous. m.t

Schaubeck

                                   213. Cous. m.t

                                   214. Let. ash. h.t-y
                                        dem.
                                   215. C. gre. i.t
                                   211 nic.

217. Luc. ah+   p.
                                                 moore

                    un fillet D'achiri en travers   p.

219. Rod.

220. tri.   moore

                                                 heber

222. Van. it+

223. gre. iz+

216. T. Petronii Arbitri satyricon, cum not. J. Boschii. *Amst.* 1677, *in-32. vél.*

217. Martiani Capellæ satyricon, in quo de nuptiis philologiæ et Mercurii, lib. duo, etc. cum notis H. Grotii. *Ex offic. Plantiniana,* 1599, *in-8. v. b.*
Avec les portraits de H. prince de Condé et de H. Grotius.

218. Euphormionis Lusinini, sive J. Barclaii satyricon. *Amst.* 1664, *in-12. dem. rel. non rogné.*

Polygraphes.

219. Mélanges asiatiques et nouveaux Mélanges, par M. Abel Remusat. *Paris,* 1825 et 1829, 4 *vol. in-8. br.*

220. Procli de sphæra liber, Cleomedes de mundo, Arati phœnomæna, Dionysii orbis descriptio, gr. et lat. *Bas.* 1547, *in-8. m. vert.*
Exemplaire de de Thou.

221. Recueil d'un grand nombre de pièces distribuées à l'Institut, savoir : Pièces qui ont remporté les prix. = Discours de réception. = Discours prononcés aux funérailles des membres. = Analyse des travaux des différentes classes. = Rapports, opinions, etc.

222. Recueil de pièces, *in-8. fig. dem. rel.* dont : Correspondance inédite de Peiresc, avec J. Aleandre, etc. publiée par Fauris de Saint-Vincens. *Paris,* 1819. = Observ. sur quelques points de la géographie de l'Egypte, par M. E. Quatremère. *Paris,* 1812. = Notice sur les médailles de Rhadameadis, par de Stempkousky. *Paris,* 1822. = Explication de cinq médailles des anciens rois musulmans du Bengale, par M. Reinaud. *Paris,* 1823, *etc.*

223. Recueil de 125 brochures in-8. sur les Antiquités, les Arts, etc. de MM. Volney, David le Roy, Reinaud, Alexandre Lenoir, Dumersan, Lanjuinais, Cousinery, etc.

224. Recueil de 19 brochures in-8. dont : Notic
sur deux inscriptions en caractères Runiques
par Akerblad. *Paris*, 1804, *in-8. br.* = Troi
lettres de d'Ansse de Villoison à Akerblad. *Paris*
1803, *in-8.* = Lettre sur l'état de la littératur
chinoise en Europe, par M. Abel Remusat, 182
= Considérations sur le caractère des arts d
l'antique Egypte, par M. Raoul-Rochette, 182
= Relation d'un voyage fait en Europe et dan
l'Océan atlantique à la fin du xve siècle, pa
Martyr, par M. Saint-Martin. *Paris*, 1827, etc.

225. Recueil de pièces, *in-8. dem. rel.* contenan
Précis d'une dissertation sur les Mesures de
anciens, par David le Roy. *Paris, an* ix, (1801
= Observations sur le Système métrique d
peuples anciens, par M. Latreille. *Paris*, 181
= Observations de la Société d'agriculture su
l'uniformité des poids et mesures. *Paris*, 179
= Traité des poids et des mesures légales d
Musulmans, par M. de Sacy. *Paris, an* vii, (179

226. Recueil de 10 brochures, par A. L. Milli
dont : Dissertation sur un disque d'argent, con
sous le nom de Bouclier de Scipion. = Descri
tion du sceau d'or de Louis xii, 1808, *fig.*
Description d'une médaille de Siris. = Les Ma
tinales, ou Description d'une médaille qui
pour type l'oie de la Saint-Martin. *Pari*
1815, etc.

227. Recueil de 7 brochures in-8. par L. Langlè
dont : Diatribe de Seid Moustapha sur l'état a
tuel de l'art militaire à Constantinople. *Pari*
1810. = Extrait d'une dissertation sur la stat
vocale de Memnon. = Note sur les monnai
de Crimée, 1806, etc.

228. Recueil de 21 brochures de M. Silvestre
Sacy, extraites du Magasin encyclopédique, d
Annales des Voyages, etc. dont : Notice de la gé

firm. Didot.

Leber

224. gre. az+

227. gre. p+

228. C. gre. az
wat. ak+

229. Ric. ah.t C. gre. b.t

230. gre. p.t   millingen

231. inf. nic.   Atié.t

                                 Dutot.

avec un Double excmp. rel.   heber
Dem. rel.
                                 Dutot.

                                 p.

                                 parquet.

graphie orientale d'Ebn-Haukal, 1802. = Mémoire sur deux provinces de la Perse orientale, 1813. = Lettres sur les inscriptions des monumens Persépolitains. = Mémoire sur les Samaritains, 1812. = Notice sur les poëmes arabes connus sous le nom de Moallakas, etc.

229. Recueil de 14 brochures in-8. de MM. Champollion-Figeac et Champollion le jeune, dont : Lettre sur l'inscription grecque de Dendera. = Observations sur les coudées égyptiennes. = Notice sur un papyrus grec. = Nouveaux éclaircissemens sur la ville de Cularo, aujourd'hui Grenoble, etc. = Lettres sur les odes gnostiques attribuées à Salomon. = Lettres écrites d'Egypte en 1828 et 1829, etc.

230. Recueil de 5 brochures de M. Letronne, dont : Observations sur les représentations zodiacales. *Paris*, 1824. = Remarques sur quelques passages d'Eunapius, Thucydide, etc. *Paris*, 1813. = Tabulæ octo nummorum, ponderum, mensurarum, apud Romanos et Græcos, etc.

231. Dissertations sur différens sujets, composées par Huet, et recueillies par de Tilladet. *La Haye*, 1720, 2 *vol. in*-12. *v. j.*

232. OEuvres de Maupertuis. *Lyon*, 1756, 4 *vol. in*-8. *v. m.*

233. Pièces inédites de Voltaire. *Paris, Didot*, 1820, *in*-8. *br.*

234. OEuvres diverses de J. J. Rousseau. *Amst.* 1770, 15 *vol. in*-12. *fig. v. m.*

235. OEuvres diverses de J. J. Barthélemy. *Paris*, *an* VI, (1798,) 2 *vol. in*-8. *dem. rel.*

236. OEuvres dramatiques et littéraires de Delisle de Sales. *Paris*, 1809, 6 *vol. in*-8. *br.* = Histoire d'Homère et d'Orphée, par le même. *Paris*, 1802, *in*-8. *br.* et cinq autres volumes par le même, *br.*

1 - 50 237. OEuvres choisies de M. de Piis. *Paris,* 1810, 4 *vol. in-8. br.*

1 - -- 238. Mélanges législatifs, historiques et politiques, par M. Félix Faulcon. *Paris,* 1801, 3 *vol. in-8. br.* = Fruits de la solitude et du malheur, par le même. *Paris, an* iv, (1796,) *in-8. br.*

5 - 50 239. Mélanges de littérature étrangère, (publ. par Millin.) *Paris,* 1785, 6 *tom. en 3 vol. in-12. v. m.*

Épistolaires.

240. C. Plinii Secundi epistolæ. *Lugd. Bat. apud Elzev.* 1640, *in-12. v. m.*

241. J. Bongarsii epistolæ. *Lugd. Bat. ex off. Elzev.* 1647, *in-12. vél.* = E. Puteani epistolæ. *Amst.* 1646, *in-12. vél.* = J. Crucii Mercurius Batavus, sive epistolarum lib. v. *Amst.* 1642, *in-12. vél.*

2 - 45 242. Lettres inédites de Henri ii, Diane de Poitiers, Marie Stuart, etc. publiées par Gail. *Paris,* 1818, *in-8. dem. rel. avec les fac simile.*

3 -- 243. Lettre du prés. Fauris Saint-Vincens à M. Millin, accompagnée de lettres de Peiresc. *Paris,* 1815, *in-8. dem. rel.*

4 - 5 244. Collection de Lettres de Nicolas Poussin. *Paris,* 1824, *in-8. br.*

HISTOIRE.

Introduction à l'étude de la Géographie, etc.

10 - 95 245. Méthode pour étudier l'Histoire, par Lenglet Dufresnoy. *Paris,* 1734, 5 *vol. in-4. fig. v. m.*

5 - 5 246. Méthode pour étudier la Géographie, par Lenglet Dufresnoy. *Paris,* 1768, 10 *vol. in-12. v. m.*

1 - 50 247. Institutions géographiques, par Robert de Vaugondy. *Paris,* 1766, *in-8. fig. v. m.* = La

p.

p.

239. lus.

p.

Moore

243. van p+

244. ambr. van b:

parquet.

p.

p.

p.

249. wei. ash. p+   Mme Detailles

                                     Simond

251. jom.   Lacarière
                                     Simond

253. van. C. é+   idem
254. Luc. amz+ ash. bi+ inf.

255. van.

                                     Cavilia geaury

                                     heber

Figure de la terre, par de Maupertuis. *Paris,
Imp. Roy.* 1738, *in-8. fig. v. b.*

248. Le Géographe méthodique, ou Introduction
à la Géographie ancienne et moderne, par de
Gourne. *Paris*, 1742, 2 *vol. in-12. v. j.* = Histoire nat. du globe, ou Géographie physique,
par Sauri. *Paris*, 1778, 2 *vol. in-12. v. m.*

249. Traité des Mesures itinéraires anciennes et
modernes, par d'Anville. *Paris*, 1769, *in-8.
dem. rel.*

250. Dictionnaire géographique, hist. et critique,
par Bruzen de la Martinière. *Paris*, 1768, 6 *vol.
in-fol. v. m.*

Géographie ancienne. Géographes grecs.

251. Dictionnaire classique de Géographie ancienne. *Paris*, 1768, *in-8. v. m.*

252. Recherches sur la Géographie ancienne, par
M. Gossellin, *in-4. v. éc.*
Ce volume est extrait du tome XLVII de l'Académie des
Inscriptions, et des Mémoires de l'Institut.

253. Recherches sur la Géographie ancienne et
sur celle du moyen âge, par M. Walckenaer.
Paris, Imp. Roy. 1822, *in-4. fig. dem. rel.*

254. Geographiæ veteris scriptores græci minores,
cum interpr. lat. (ed. J. Hudson, H. Dodwello et
E. Wells.) *Oxoniæ*, 1698, 1703 *et* 1712, 4 *vol.
in-8. v. j.*

255. Geographi minores, gr. et lat. ex recens. et
cum not. J. F. Gail. *Parisiis*, 1826, *in-8. br.
les tom.* 1 *et* 2.

256. Geographica antiqua, hoc est : Scylacis periplus maris Mediterranei, Anonymi periplus
maeotidis paludis, etc. gr. et lat. edent. J. Gronovio. *Lugd. Bat.* 1697, *in-4. v. b.*

257. Arriani et Hannonis periplus, Plutarchus de

fluminibus et montibus, Strabonis epitome, gr. *Basil.* 1533, *in-4. v. b.*

258. Strabonis geographia, gr. et lat. ex recens. Is. Casauboni. *Lut. Par.* 1620, *in-fol. v. b.*

259. Strabonis rerum geographicarum libri XVII, gr. et lat. (studio T. Janssonii ab Almeloveen.) *Amst.* 1707, 2 *tom. en* 1 *vol. in-fol. vél.*

260. Idem, gr. et lat. curante de Brequigny. *Parisiis*, 1763, *in-4. v. m. tomus* I^us.

Il n'a jamais paru que ce volume, qui contient les trois premiers livres.

261. Idem, gr. et lat. ex recens. J. P. Siebenkees. *Lipsiæ*, 1796, *in-8. cart. Pap. de Holl. non rogné. Les tomes* 1 *à* 4.

262. Idem, gr. et lat. cum variorum animadv. Annotationes et tabulas geographicas adjecit T. Falconer. *Oxonii*, 1807, 2 *vol. in-fol. dem. rel.*

263. Idem, gr. edente Coray. *Parisiis*, 1815, 4 *vol. in-8. dem. rel.*

264. Idem, lat. (*Venetiis*,) *Joan. Vercellensis*, 1480, *in-fol. m. cit.*

265. Idem, lat. *Amst.* 1652, 2 *vol. in-12. vél.*

266. Geografia di Strabone, tra. di greco, da A. Buonaccivoli. *In Venet.* 1562, *in-4. v. m.*

267. Géographie de Strabon, traduite du grec en françois, par MM. de la Porte du Theil, Gossellin et Coray. *Paris, Impr. Imp.* 1805 *et suiv.* 5 *vol. in-4. br. en cart. Gr. Pap. Vél.*

Très Rare sur ce Papier.

268. Dionysius Alexandrinus de situ orbis, gr. et lat. ex. recens. Tan. Fabri. *Salmurii*, 1676, *in-8. vél.* = C. Jul. Solini polyhistor, a M. A. Delrio emendatus. *Antuerp.* 1572, *in-8. vél.*

269. Dionysii orbis descriptio, gr. et lat. cum comment. G. Hill. *Londini*, 1679, *in-8. fig. v. b.*

270. Idem opus, gr. et lat. cum not. A. Papii. *Oxonii, e Theat. Sheld.* 1697, *in-8. fig. v. b.*

Labitte

moore

malafait

heber

Labitte

m^lle hodot

moore

giroud

Simonet

m de Saint Blanquat

Racine

idem

275. dug.

277. tri. C.

281. ash. p2+

282. ash. mh+ C.

283. ash. x+ j'om.

Schonbeck

Melle Lodot

Cantian gacury

techener

heber

techener

Cretaine

Simonet

271. Idem opus, gr. et lat. edente E. Wells. *Oxonii*, 1704, *in-8. fig. v. f.*

272. Idem opus, gr. et lat. edente E. Wells. *Oxon. e Th. Sheld.* 1709, *in-8. fig. v. b.*

273. Idem opus, gr. et lat. cum comment. Eustathii. *Oxon. e Th. Sheldon.* 1710, *in-8. fig. v. b.*

274. Idem opus, lat. *Venetiis, Fr. Renner de Hailbrun,* 1478, *in-4. v. f.*
L'exemplaire est mouillé, et le dernier feuillet est doublé.

275. Eustathii commentarii in Dionysium Periegetam, ex interp. A. Politi. *Colon. Allob.* 1741, *in-8. v. m.*

276. Plutarchi libellus de fluviorum et montium nominibus, gr. et lat. ex vers. et cum not. J. Maussaci. *Tolosæ,* 1615, *in-8. v. f.*

277. Arriani Ponti Euxini, et maris Erythræi periplus, e græco in lat. versus a G. Stuckio. *Genevæ,* 1577, *in-fol. m. r.*
Exemplaire de de Thou.

278. Arrian's voyage round the Euxine sea, translated (by Wil. Falconer.) *Oxford,* 1805, *in-4. fig. dem. rel.*

279. Periplus Scylacis Caryandensis, gr. et lat. ex vers. et cum castigat. I. Vossii; accedit anonymi periplus Pontis Euxini, gr. et lat. cum not. ejusd. *Amst.* 1639, *in-4. vél.*

280. Dissertation sur le périple de Scylax, par M. Gail fils. *Paris,* 1825, *in-8. dem. rel.*

281. C. Ptolemæi de geographia libri octo, græce, (ed. D. Erasmo.) *Basileæ, Froben,* 1533, *in-4. cart.*
Première Edition; le volume est gâté au commencement.

282. Idem opus, gr. *Paris.* 1546, *in-4. m. r.*
Exemplaire de de Thou.

283. Idem opus, gr. et lat. ex recogn. G. Mercatoris. *Amst.* 1605, *in-fol. vél. avec les cartes coloriées.*

284. Theatrum geographiæ veteris, in quo Cl.
   Ptolemæi geographiæ libri VIII, gr. et lat. opera
   P. Bertii. *Amst.* 1618, *in-fol. fig. v. f.*
   Il y a des feuillets raccommodés, et le faux titre est détaché
   et sale.

285. Cl. Ptolemæi cosmographiæ libri octo, latine
   redditi a Donno Nicolao Germano. *Ulmæ, Leo-*
   nardus Hol, 1482, *in-fol. dem. rel. les cartes*
   coloriées.

286. C. Ptolemæi geographia, lat. *Venetiis*, 1511,
   in-fol. fig. v. b.

287. Eadem, lat. *Argentinæ,* 1513, *in-fol. vél. fig.*
   coloriées.

288. Cl. Ptolemæi geographicæ enarrationis lib. VIII,
   ex Bilibaldi Pirckheimeri tralatione, a Mich.
   Villanovano (Serveto) recogniti, cum ejusd.
   scholiis. *Lugduni*, 1535, *in-fol. fig. v. b.*

289. Cl. Ptolemæi omnia quæ extant Opera, lat.
   Basil. 1541, *in-fol. fig. bas.*

290. La Geografia di C. Ptolemeo, trad. da P. A.
   Mattiolo. *In Venetia,* 1548, *in-8. fig. v. f.*

291. La medesima, trad. di gr. da G. Ruscelli. *In*
   Venetia, 1574, *in-4. fig. v. f.*

292. La medesima, trad. dall lat. da L. Cernoti.
   In Venetia, 1598, *in-fol. fig. vél.*

293. Cartes complètes au nombre de 27, de l'édition de la géographie de Ptolémée imprimée à
   Rome, en 1490, *impensis Petri de Turre.* Ces
   cartes sont les mêmes que celles de l'édition
   imprimée aussi à Rome, en 1478, par Arnoldus
   Buckinck. *In-fol. dem. rel.*

294. Orbis antiqui tabulæ geographicæ secundum
   C. Ptolemæum. *Amst.* 1730, *in-fol. cart.*

295. Stephanus Byzantinus de urbibus, gr. et lat.
   ed. A. Berkelio. *Lugd. Bat.* 1694, *in-fol. v. b.* =
   Idem, gr. et lat. ed. T. de Pinedo. *Amst.* 1678,
   in-fol. v. b. = Lucæ Holstenii notæ et castiga-

Crozet   284. Kop. amz. veri †

Techener   285. ash. mh †

                                                            286. van. mity
                                                            287. van. mm †
Crozet firmin Didot.   288. ash. mh

Racine

                                                            290. van. e †
heber

Simonet

                                                            293. ash. mh †,
                                                               van. px † jo

Crozet.   Imparfait de toutes les cartes
porquet.   racordé pour quelques feuillets mouillés   295. ash. ai †
               dans le vol. d'Espinedo.

296. wei. Mel. van. b + C.

297. wei.

techener

299. fa.

heber
idem
idem

303. fa.

heber

305. ash. x +

p.

Racine

Simonet.

tiones in Stephanum Byzantinum. *Lugd.Bat.*
1684, *in-fol. vél.*

296. Agathemeris compendiariæ geographiæ expo-
sitionum lib. duo, gr. et lat. ex interp. S. Tennulii. *Amst.* 1671, *in-12. dem. rel.* = Eratosthenis geographicorum fragmenta, gr. edid. G. C. F.
Seidel. *Goett.* 1789, *in-12. v. éc.*

297. Vetus orbis descriptio græci scriptoris, gr.
et lat. ex vers. et cum not. J. Gothofredi. *Genevæ,* 1628, *in-4. parch.* = P. Cluverii introductio in univ. geographiam. *Amst.* 1682, *in-4.
fig. vél.*

Géographes anciens latins.

298. Pomponius Mela, J. Solinus, itinerarium
Antonini, Vibius Sequester, etc. *Venet. Aldus,*
1518, *in-8. v. b.*

299. Æthici cosmographia, Antonii Augusti itinerarium, cum schol. J. Simleri. *Basil.* 1575,
in-18. vél. = Pomponius Mela, C. J. Solini polyhistor, etc. cum not. var. *Lugd. Bat.* 1646,
in-18. vél.

300. Pomponii Melæ de situ orbis libri. *Venet.
F. de Hailbrun,* 1478, *in-4. v. f.*

301. Idem opus, curante P. J. Olivario Valentino.
Parisiis, 1557, *in-4. parch.*

302. Idem opus, ex recens. A. Schotti. *Antuerp.*
1582, *in-4. v. f.*

303. Idem, cum not. var. curante A. Gronovio.
Lugd. Bat. 1722, *in-8. v. b.*

304. Idem, ex recogn. H. A. Meisneri. *Curiæ Varis-
corum,* 1738, *in-12. v. f.*

305. Idem, cum not. var. curante A. Gronovio.
Lugd. Bat. 1748, *in-8. vél. dent.*

306. Idem, ex recens. J. Gronovii. *Glasguæ,* 1752,
in-12. v. f.

307. Compendio geographico de el orbe antiguo,

por Pomponio Mela, trad. por Gonzalez de Salas. *En Madrid*, 1780, *in-*12. *v. m.*

308. C. Salmasii Plinianæ exercitationes in C. Julii Solini polyhistora. *Traj. ad Rhen.* 1689, 2 *tom. en* 1 *vol. in-fol. vél. dent.*

309. Vibius Sequester de fluminibus, fontibus, lacubus, etc. quorum apud poetas mentio fit, ex recens. F. Hesselii. *Roterod.* 1711, *in-*12. *v. m.*

310. Idem opus, cum not. var. nec non J. J. Oberlini. *Argentor.* 1778, *in-*8. *v. m.*

311. Dicuili liber de mensura orbis terræ, nunc primum editus a C. A. Walckenaer. *Parisiis*, 1807, *in-*8. *br.* = Recherches géog. et crit. sur le livre De Mensura orbis terræ, par Dicuil, suivies du texte restitué par M. Letronne. *Paris*, 1814, *in-*8. *dem. rel.*

312. Idem Dicuili liber. *Paris.* 1807, *in-*8. *cart. Pap. Vél.*

313. De Geographia universali hortus cultissimus, etc. arabice. (*Romæ, ex typogr. Medicea*, 1592,) *in-*4. *v. rac.*

Exemplaire sans le titre latin.

314. Idem opus, id est : geographia nubiensis, ex arab. in latin. versa a Gabriele Sionita. *Paris.* 1619, *in-*4. *v. m.*

315. Abulfedæ tabulæ quædam geographicæ et alia ejusd. argumenti specimina, arab. edente F. T. Rinck. *Lipsiæ*, 1781, *in-*8. *v. éc.*

Géographes modernes latins.

316. Geographia vetus ex antiquis et melioris notæ scriptoribus collecta, per P. Bertium. *Lut. Par.* 1630, *in-*4. *obl. fig. vél.*

317. Cosmographia, sive descriptio universi orbis Pet. Apiani, et Gemmæ Frisii. *Antuerp.* 1584, *in-*4. *fig. dem. rel.*

Racine

heber

idem

p.

$311.$ ash. $h^{+}_{-}y$

313 er 314 ash. $a z^{+}_{-}$
ins.

$314.$ ~~inf~~ jom. ins.

315 ins.

p.

$317.$ war. h^{+}

320. ~~brf~~. jom.   guilbert:

                                      idem

                                      idem

                                      p

323. ash. p^t

                                      p

                                      p

                                      Simonet

327. ~~brf~~. jom.

329 jom.
330. ethel. berd. C.   guilbert

                                      p

318. A. Ortelii theatrum orbis terrarum. *Antuerp.*
1592, *in-fol. fig. vél.*

319. A. Ortelii thesaurus geographicus. *Antuerp.*
1596, *in-fol. fig. vél.*

320. Abrahami Ortelii orbis terrarum parergon, sive
vet. geographiæ tabulæ, cum comment. curante
B. Moreto. *Antuerp.* 1624, *in-fol. max. fig. v. b.*

321. J. A. Magini geographiæ tum vet. tum novæ
volumina duo. *Arnhemii,* 1617, 2 *tom. en* 1 *vol.*
in-4. fig. v. b.

322. Parallela geographiæ veteris et novæ, auct.
P. Brietio. *Parisiis,* 1648, *in-4. fig. v. b.*
Le tome 1er.

323. Geographiæ et Hydrograph. reformatæ lib. xii,
auct. J. B. Ricciolio. *Bononiæ,* 1661, *in-fol. v. b.*

324. P. Cluverii introductio in universam geographiam. *Amst. ex off. Elzev.* 1661, *in-12. fig.*
vél. = Geographiæ compendium et Hispaniæ,
Galliæ ac Italiæ descriptio. *Traj. ad Rhen.* 1658,
in-12. vél.

325. P. Cluverii introductio in universam geographiam, ed. A. Bruzen la Martinière. *Amst.*
1729, *in-4. fig. v. m.*

326. J. F. Gronovii varia geographica. *Lugd. Bat.*
1739, *in-8. v. m.* = T. Tyrwhitti conjecturæ in
Strabonem. *Erlangæ,* 1788, *in-12. bas.*

327. B. Varenii Geographia generalis, cura I. Newton. *Cantab.* 1681, *in-8. m. r.*

328. Géographie générale, par Varenius, trad.
du latin, par Depuisieux. *Paris,* 1755, 4 *vol.*
in-12. v. m.

329. M. A. Baudrand Geographia. *Parisiis,* 1682,
2 *tom. en* 1 *vol. in-fol. v. b.*

330. Notitia orbis antiqui auct. C. Cellario, cum
annot. J. C. Schwartz. *Lipsiæ,* 1731, 2 *vol. in-4.*
fig. v. m. = Appendix triplex notitiæ orbis antiqui. *Lipsiæ,* 1776, *in-4. fig. dem. rel.*

331. Tentaminis Geographiæ generalis specimen, auct. G. Giersch. *Lipsiæ*, 1735, *in*-12. *fig. bas. avec des notes manuscrites.* = J. Gronovii animadversio in recentem ab Oxonio Scylacis editionem. *In*-4. *br.*

Géographes Français, etc.

332. Collection des ouvrages géographiques de d'Anville. 10 *vol. in*-4. 5 *vol. in*-8. 10 *vol. in*-12. *rel.*

Proposition d'une mesure de la terre. 1735, *in*-12. *m. r.* = Mesure conjecturale de la terre. 1736, *in*-12 *m. r.* = Lettre au père Castel. 1737, et Mémoire sur la vallée de Tempé. 1779, 2 *parties en* 1 *vol. in*-12. *v. rac.* = Réponse au Mémoire contre la mesure conjecturale de la terre. 1738, *in*-12. *m. r.* = Eclaircissemens géographiques sur l'ancienne Gaule, (par Belley,) précédés d'un traité des mesures itinéraires des Romains, par d'Anville. 1741, *in*-12. *v. m.* = Analyse géographique de l'Italie. 1744, *in*-4. *v. f.* = Dissertation sur l'étendue de l'ancienne Jérusalem. 1747, *in*-8 *v. m.* = Eclaircissemens géographiques sur la carte de l'Inde. 1753, *in*-4. *v. m.* = Mémoire sur la carte intitulée : Canada, etc. 1756, Analyse de la carte des côtes de la Grèce et de l'Archipel, 1757, Mémoire sur la mer Caspienne. 1777, 3 *part. en* 1 *vol. in*-4. *v. rac.* = Notice de l'ancienne Gaule. 1760, *in*-4. *v. m.* = Mémoires sur l'Egypte. 1766, *in*-4. *v. rac.* = Géographie ancienne abrégée. 1768, 3 *vol. in*-12. *v. m. sans cartes.* = Traité des mesures itinéraires. 1769, *in*-8. *v. m.* = Etats formés en Europe. 1771, *in*-4. *v. m.* = L'empire turc. 1772, *in*-12. *v. éc.* = L'empire de Russie. 1772, *in*-12. *v. éc.* = Antiquité géographique de l'Inde. 1775, *in*-4. *v. m.* = Mémoire sur la Chine. 1776, *in*-8. *v. rac.* = Considérations sur l'étude de la Géographie. 1777, *in*-8. *v. rac.* = L'Euphrate et le Tigre. 1779, *in*-4. *v. m.* = Mémoire sur les cartes de l'ancienne Gaule, 1779, et deux lettres au Journal des Savans sur une carte de l'Amérique méridionale. *Mars et avril* 1750, 3 *part. en* 1 *vol. in*-4 *dem. rel.* = Différens mémoires insérés dans le recueil de l'Académie des Inscriptions, Mémoire sur la mer Caspienne, 1777, et Mémoire sur les cartes de l'ancienne Gaule. 1779, le *tout en* 1 *vol. in*-4 *v. m.* = Notice des ouvrages de d'Anville, (par Barbié du Bocage,) précédée de son éloge, (par M. Dacier.) *Paris*, 1802, *in*-8. *dem. rel. Gr. Pap.*

333. Précis de la Géographie universelle, par Malte

fieber

guilbert

331. dem.

332. ash. mizt

333. bsf. jom.

334. of.

337. Let. C.
338. van. Haüy

340. inf. jom.

343. ash. n+

345. inf. jom.

r.
Klaproth

Racine

Simonet
heber

guilbeot

Simonet

moore

andrit

Brun. *Paris*, 1810, *in-8. br. les 3 premiers vol. et
atlas in-4. cart.*

334. Cosmologie, ou description générale de la
Terre, par C. A. Walckenaer. *Paris*, 1815, *in-8.
dem. rel.*

335. Annali di geografia e di statistica, da G. Gra-
berg. *Genova*, 1802, 2 *vol. in-8. br.*

336. Géographie universelle, trad. de l'allemand
de Busching. *Strasbourg*, 1768, 14 *vol. in-12. v. b.*

337. Géographie et chronologie de G. G. Bredow,
en allemand. *Altona*, 1802, *in-8. fig. dem. rel.*

338. Géographie moderne, par J. Pinkerton, trad.
de l'anglais. *Paris*, 1804, 6 *vol. in-8. br. et atlas
in-4. cart.*

339. Abrégé de la Géographie moderne, par
J. Pinkerton, trad. de l'angl. *Paris*, 1805, *in-8.
fig. br.*

340. Le même ouvrage. *Paris*, 1811, 2 *vol. in-8.
fig. br.*

Descriptions de diverses parties de la Terre, etc.

341. S. Bocharti Geographia sacra. *Francof. ad
Mœn.* 1681, *in-4. v. b.*

342. J. D. Michaelis Spicilegium geographiæ Hebræorum exteræ post Bochartum. *Gottingœ*,
1769, 2 *part. en* 1 *vol. in-4. v. m.*

343. L. Holstenii annotationes in Geographiam
sacram Caroli a S. Paulo, in Cluverium et Orte-
lium. *Romœ*, 1666, *in-8. v. b.*

344. Traités géographiques et historiques pour fa-
ciliter l'intelligence de l'Ecriture-Sainte, par
divers auteurs. *La Haye*, 1730, 2 *vol. in-12. v. m.*

345. The geographical system of Herodotus exa-
mined and explained by a comparison with
those of other ancient authors and with modern
geography, by J. Rennell. *London*, 1800, *in-4.
fig. v. rac.*

C

346. Geographiæ et uranologiæ Herodoteæ specimina, auct. G. G. Bredow. *Helmstadii*, 1804,
in-4. dem. rel. = H. Schlichthorst, Geographia
Homeri. *Gottingæ*, 1787, *in-4. v. m.*

347. Géographie d'Hérodote, par J. B. Gail. *Paris*,
2 *vol. in-8. et atlas in-4. br.*

348. De Aristotelis Geographia, prolusiones sex,
auct. B. L. Kœnigsmann. *Slesvici*, 1803, *in-4.
dem. rel.*

349. Mémoires historiques et géographiques sur
les pays situés entre la mer Noire et la mer Caspienne. *Paris*, 1797, 2 *part. en 1 vol. in-4. v. r.*

350. Géographie physique de la mer Noire, etc.
par A. Dureau de Lamalle fils. *Paris*, 1807,
in-8. dem. rel. = Histoire abrégée de la mer du
Sud, par de Laborde. *Paris*, 1791, 3 *vol. in-8.
dem. rel.*

351. Considérations géographiques sur les nouvelles découvertes au nord de la mer du Sud,
par P. Buache. *Paris*, 1753, *in-4. fig. v. m.*

352. Le monde maritime, ou tableau géogr. et
histor. de l'Archipel d'Orient, de la Polynésie, etc.
par M. C. A. Walckenaer. *Paris*, 1819, 2 *vol.
in-8. br.*

353. Cours des principaux fleuves et rivières de
l'Europe, composé et imprimé par Louis xv,
roi de France. *Paris, Impr. du cabinet de S. M.*
1718, *petit in-4. m. r. dent.* avec le portrait de
Louis xv gravé par J. Audran.

354. Mémoire sur les cartes de l'ancienne Gaule
qu'il a dressées, par d'Anville. 1779, *in-4. br.*
= Mémoire sur la Chine, par le même. *Paris*,
1776, *in-8. dem. rel.*

355. Recherches sur la géographie ancienne et les
antiquités du département des Basses-Alpes, par
Henry. *Forcalquier*, 1818, *in-8. fig. dem. rel.*

andreis.

guilbert.

simonet.

guilbert

heber

guilbert.

heber

346. C.

347. Van. ait C.
348. Van. e̅ 10 C. jom

349. C.

350. jom.

352. dem.

p.

heber

358. C. Jem.

th. Barron fili.

360 ins.

simonat

th. barron fili.

p.

andreif

guilbert

365. C.

356. Geographica provinciarum Sueviæ descriptio. *Augsbourg*, 1679, *in-8. obl. fig. v. b.*

357. J. H. Lunemann descriptio Caucasi, gentiumque Caucasiarum, ex Strabone, comparatis scriptoribus recentioribus. *Lipsiæ*, 1803, *in-4. dem. rel.*

358. Caucasiarum regionum et gentium Straboniana descriptio, auct. C. Rommel. *Lipsiæ*, 1804, *in-8. dem. rel.*

359. Memoir of a map of Hindoostan, or the Mogul Empire, by J. Rennell. *London*, 1788, *in-4. v. r.*

360. J. M. Hartmann commentatio de geographia Africæ Edrisiana. *Gottingæ*, 1791, *in-4. bas.* = Ejusd. Hartmann, Edrisii Hispania. *Marburgi*, 1818, *in-4. dem. rel.*

361. The periplus of the Erythrean sea, containing an account of the navigation of the ancients from the sea of Suez to the coast of Zanguebar, by W. Vincent. *London*, 1800, *le tome Ier, fig. doubles en noir et coloriées, in-4. v.*

362. Recherches géographiques sur l'intérieur de l'Afrique septentrionale, par M. C. A. Walckenaer. *Paris*, 1821, *in-8. dem. rel.*

363. Mémoires géographiques et hist. sur l'Egypte, par M. E. Quatremère. *Paris*, 1811, 2 *vol. in-8. dem. rel.*

364. Remarques géographiques sur le Cours du Sénégal et celui de la Gambie, par M. Jomard. *Paris*, 1828, *in-8. fig. br.* = Réflexions sur l'état des connaissances relatives au Cours du Dhioliba, vulgairement appelé Niger, par le même. *Paris*, 1829, *in-8. fig. br.*

365. Descriptionis Ptolemaicæ augmentum, sive occidentis notitia, studio C. Wytfliet. *Lovanii*, 1597, *in-fol. fig. vél.*

366. Description géographique de la Guiane, par Bellin. *Paris*, 1763, *in-4. fig. m. r. dent. tab.*
Les cartes géographiques sont lavées.

Atlas et Cartes.

367. Trois portefeuilles contenant environ neuf cent cinquante Cartes anciennes et nouvelles des différentes parties du globe, par Bertius, Dewitt, Ortelius, Wischer, Sanson, d'Anville, Walckenaer, Lapie, Gossellin, etc.
Beaucoup de ces cartes sont extraites de livres et d'atlas.

368. Deux portefeuilles contenant environ cinq cents Cartes des différentes parties du globe, par Sanson, Delisle, d'Anville, Robert de Vaugondy, Buache, Bonne, Gossellin, Barbié du Bocage, et autres géographes français; quelques unes aussi par Blaeu, Rennel, La Rochette, Rizzi Zannoni, Reichard, etc.
Plusieurs de ces cartes sont, comme dans le numéro précédent, prises dans des livres et dans des atlas, entre autres celles de Blaeu et de M. Gossellin; il y a aussi un assez grand nombre d'esquisses.

369. Orbis terraqueus in tabulis geographicis et hydrograp. descriptus, a S. Paulli. *Argent.* 1670, *in-12. v. b.* = Orbis antiqui Monumentis suis illustrati primæ lineæ, auct. J. J. Oberlino. *Argent.* 1776, *in-12. bas.*

370. Soixante-cinq Cartes diverses, presque toutes de d'Anville, renfermées dans un portefeuille.

371. Atlas de d'Anville, composé de 22 Cartes. *In-fol. max. dem. rel.*

372. Atlas, ou recueil des Cartes géographiques publiées par M.Gossellin. *Paris, Imp. Roy.* 1814, *in-4. dem. rel.*
Cet atlas se compose de 75 cartes en 47 feuilles, qui se trouvent dans ses différens ouvrages, pour lesquelles M. Gossellin a fait imprimer un titre et une table formant 4 feuillets.

Heber

367. int. jom.

368. int. jom.

369. int. jom.

370. dem.

372. jom.

Silvestre

Guilbert

p.

393. jom.   a un vol. de texte   andrait.
                                                p.

395. jom.
                                                p.

397. jom.

                                                auway

                                                p.

380. jom.

                                                p.
                                                andrait.

383. jom.

373. Atlas portatif, par Grenet. *In-4. vél. vert.* _ _

374. Nouvel Itinéraire général, par Desnos. *Paris,* _
1766, in-4. dem. rel.

375. Cartes et Tables de la Géographie physique, _
par Buache. *Paris,* 1757, *in-fol. parch.*

376. Le Miroir de la navigation de la mer Occidentale, contenant toutes les côtes de France,
Espagne, Angleterre, etc. par L. Chartier. *Amst.*
1590, *in-fol. fig. rel. en peau.*

377. Carte générale des fleuves et rivières de
France, par Dupain Triel. *Paris,* 1781, *grande
carte lavée et collée sur toile.*

378. Feuilles de la Carte de la France, contenant
la lisière maritime, le Cours de la Seine de Paris
au Havre, et le canal de Languedoc. *In-fol.
atlant. dem. rel.*
Ces cartes sont coloriées.

379. Asia, par A. Arrowsmith. *Londres,* 1801, *très
grande carte de 4 pieds et demi de long sur 4 de
haut, collée sur toile.*

380. Coromandel, par d'Anville. 1753, *très grande
carte manuscrite de 6 pieds de haut sur 3 et demi
de large, collée sur toile et montée sur gorge.*
Tous les noms sont écrits en caractères d'impression, et par
conséquent très faciles à lire.

381. Novus Atlas Sinensis, a M. Martinio descriptus. *Antuerp.* 1654, *in-fol. fig. vél.*

382. Nouvel Atlas de la Chine, de la Tartarie chinoise et du Thibet, par d'Anville. *La Haye,* 1737,
in-fol. max. dem. rel.

383. Trois Cartes de différentes parties de la Chine,
dont une des pays à l'Occident. *Manuscrites et
collées sur toile, renfermées dans un étui de fer
blanc.*

VOYAGES.

Collections de Voyages, etc.

384. Quelques Conseils à un jeune voyageur, par le comte d'Hauterive. *Paris, Imp. Roy. in-8. br. avec une lettre de l'auteur.*

Ouvrage tiré à petit nombre pour les employés de la chancellerie des affaires étrangères.

385. Histoire de la Navigation, son commencement, ses progrès, ses découvertes, trad. de l'angl. *Paris, 1722, 2 vol. in-12. v. b.*

386. Tractatus de Navigatione Salomonis ophiritica, studio M. Lippenii. *Wittebergæ, 1682, in-12. v. b.*

387. Antiguedad maritima de la republica de Cartago, con el periplo de Hannon, trad. del griego, con el testo, por D. P. R. Campomanes. *En Madrid, 1756, in-4. vél.*

388. The Voyage of Hanno, translated, and accompanied with the greek text, by T. Falconer. *London, 1797, in-8. dem. rel.*

389. The Voyage of Nearchus from the Indus to the Euphrates, by W. Vincent. *London, 1797, in-4. fig. v. r.*

390. Voyage de Néarque des bouches de l'Indus jusqu'à l'Euphrate, ou Journal de l'expédition de la flotte d'Alexandre, par W. Vincent, trad. de l'angl. par Billecocq. *Paris, an VIII, (1800,) in-4. fig. dem. rel.*

391. Antonini iter Britanniarum, comment. illustratum Thomæ Gale. *Londini, 1709, in-4. v. r.*

392. Vetera Romanorum itineraria, sive Antonini Augusti itinerarium, cum not. var. curante P. Wesselingio. *Amst. 1735, in-4. v. b.*

393. Peutingeriana tabula itineraria quæ in augusta bibliotheca Vindobonensi servatur, edente F. A. de Scheyb. *Vindobonæ, 1753, in-fol. atlant. fig. dem. rel.*

guilbert

malafait.

386. van. h⁺ 20ᶜ

limont.

Mᵐᵉ Dentelles

la même   389. liv.

guilbert   391. jom
                        392. sut. ash. ai⁺
                        jom.
                        393. ash. mi⁺ jom

Malafait.

394. ash. i†

400. Mas. im†

402. Ric. mh†

Dubar

guilbert.

Simonet.

malofait

Nonand

p.

p.

techener

394. Itinera mundi, nempè cosmographia, aut. Abr. Peritsol, hebraïce et lat. cum not. T. Hyde. *Oxonii*, 1691, *in-4. v. b.*

395. Histoire générale des Voyages, par l'abbé Prévost. *Paris*, 1746, 20 *vol. in-4. fig. v. m.*
Il manque le tome xx.

396. Histoire des Navigations aux terres Australes, par de Brosses. *Paris*, 1756, 2 *vol. in-4. fig. v. m.* Gr. Pap.

397. Recueil de Voyages au Nord. *Amst.* 1731, 10 *vol. in-12. fig. v. b.*

398. Histoire des Découvertes et des Voyages faits dans le Nord, par Forster, trad. de l'angl. *Paris*, 1788, 2 *vol. in-8. fig. v. j.*

399. Les nouvelles Découvertes des Russes entre l'Asie et l'Amérique, trad. de l'angl. de Coxe. *Paris*, 1781, *in-4. fig. v. m.*

400. Relations de divers Voyages curieux, par Melch. Thévenot. *Paris*, 1663, 2 *vol. in-fol. fig. v. b.*

401. Les Voyageurs modernes, ou Abrégé de plusieurs Voyages faits en Europe, Asie et Afrique. *Paris*, 1760, 4 *vol. in-12. v. m.*

402. Recueil de différens Voyages aux Indes orientales et occidentales, 24 *vol. in-12. rel.* dont : Voyages de la baie de Hudson, par Ellis, trad. de l'angl. *Paris*, 1749, *in-12. v. m. etc.*

403. Collection de Voyages, publiée par Langlès. *Paris*, 1797, 7 *vol. in-18. fig. bas. et atlas petit in-4. dem. rel.*

404. Annales des Voyages, de la Géographie et de l'Histoire, par Malte-Brun. *Paris*, 1807 à 1815, 24 *vol. in-8. fig. en cahiers.*
Il manque le cahier 68.

Voyages autour du monde.

405. Voyage autour du monde, trad. de l'ital. de Gemelli Careri. *Paris*, 1727, 6 *vol. in-*12. *fig. v. m.*

406. Nouveau Voyage autour du monde, par le Gentil. *Amst.* 1728, 3 *vol. in-*12. *fig. v. b.*

407. Voyage autour du monde, par G. Anson, trad. de l'angl. *Amst.* 1751, *in-*4. *fig. v. m.*

408. Voyages autour du monde, par le cap. J. Cook, trad. de l'anglais. Premier Voyage. *Paris*, 1774, 8 *tom. en* 4 *vol. in-*8. *v. m. et atlas in-*4. *dem. rel.* = Second Voyage. *Paris*, 1778, 6 *vol. in-*8. *et atlas in-*4. *dem. rel.* = Troisième Voyage. *Paris*, 1785, 8 *vol. in-*8. *v. m. et atlas in-*4. *dem. rel.*

409. Voyages autour du monde, et vers les deux pôles, par terre et par mer, pendant les années 1767 à 1776, par de Pagès. *Paris*, 1782, 2 *vol. in-*8. *v. r.*

410. Voyage autour du monde, (en 1785—1788,) par J. F. Galaup de Lapérouse, publié par L. A. Millet-Muréau. *Paris, an* v, (1797,) 4 *vol. in-*4. *et atlas in-fol. cart.*

411. Relation du Voyage à la recherche de Lapérouse, fait en 1791 à 1794, par J. J. Labillardière. *Paris, an* viii, (1800,) 2 *vol. in-*4. *et atlas in-fol. cart.*

412. Voyage autour du monde, pendant les années 1790—1792, par E. Marchand, précédé d'une introduction, etc. par P. C. Claret-Fleurieu. *Paris, an* vi, (1798,) 3 *vol. in-*4. *et atlas, cart.*

413. Voyage de découvertes à l'océan Pacifique du nord et autour du monde, pendant les années 1790 à 1795, par le cap. Vancouver, trad. de l'angl. *Paris, an* viii, (1800,) 3 *vol. in-*4. *et atlas in-fol. cart.*

p.

M. de saint Blanquet.

Cordier

La Courière

Iden

M.me Destelle

405. Wei. Ric.x
406. Wei.

413 jours

414. ash. p⁺ fa. wat. x⁺ jom.

415. wei. fa. wat. e⁺ jom.

416 jom.
417 jom.
418: wei. Mel. Kop. verit.

Crozet

420. Mel.

421 jom.

423. ash. ai⁺

Labitte

Voyages faits en diverses parties de la terre.

414. Itinerarium Benjaminis, hebr. et lat. ex vers. et cum not. C. l'Empereur. *Lugd. Bat. ex off. Elzevir.* 1633, in-8. *v. b.*

415. Voyage de Rabbi Benjamin, fils de Jona de Tudèle, en Europe, en Asie et en Afrique, trad. de l'hébreu, par J. P. Baratier. *Amst.* 1734, 2 *vol. in*-12. *v. b. dent.*

416. Journal du Voyage de Monconys. *Lyon,* 1665, 3 *vol. in*-4. *fig. v. b.*

417. Voyages de J. Thévenot, tant en Europe qu'en Asie et Afrique. *Paris,* 1689, 5 *vol. in*-12. *fig. v. b.*

418. Voyage de Paul Lucas au Levant. *La Haye,* 1705, 2 *vol. in*-12. *v. j.* = Voyage dans la Grèce, l'Asie-Mineure, etc. par le même. *Paris,* 1712, 2 *vol. in*-12. *fig. v. j.* = Voyage en Turquie, Asie, Sourie, etc. par le même. *Amst.* 1720, 2 *vol. in*-12. *fig. v. j.*

419. Voyage de la Motraye en Europe, Asie et Afrique. *La Haye,* 1727, 3 *vol. in-fol. fig. v. b.*

420. Mémoires du chevalier d'Arvieux, contenant ses Voyages à Constantinople, dans l'Asie, etc. publ. par J. B. Labat. *Paris,* 1735, 6 *vol. in*-12. *v. b.*

421. Voyages de Richard Pockocke en Orient, dans l'Egypte, l'Arabie, etc. trad. de l'angl. *Paris,* 1772, 7 *vol. in*-12. *v. m.*

422. Les six Voyages de J. B. Tavernier en Turquie, en Perse et aux Indes. *Utrecht,* 1712, 3 *vol. in*-12. *fig. v. b.*

423. Les Voyages de J. Struys en Moscovie, en Tartarie, en Perse, etc. *Amst.* 1681, *in*-4. *fig. v. b.*

424. Voyages en Moscovie, Tartarie et Perse, et aux Indes orientales, par A. Olearius et J. A. Mandelslo, trad. de l'allemand, et augmentés

par de Wicquefort. *Amst.* 1727, 2 *vol. in-fol. fig. v. f.*

425. Les Fameux Voyages de Pietro della Valle. *Paris,* 1661, 4 *vol. in-4. fig. v. b.*

Les tomes I et II sont en Grand Papier.

426. Relation d'un Voyage du Levant, par Pitton de Tournefort. *Amst.* 1718, 2 *tom. en* 1 *vol. in-4. fig. v. b. Gr. Pap.*

427. Voyage au Levant, c'est-à-dire dans les principaux endroits de l'Asie-Mineure, l'Egypte, etc. par Corneille le Brun, trad. du flamand. *Deft,* 1700, *in-fol. fig. v. b. Gr. Pap.*

428. Voyages de Corneille le Brun par la Moscovie en Perse et aux Indes orientales. *Amst.* 1718, 2 *vol. in-fol. fig. v. m.*

429. Voyage en Turquie et en Perse, par Otter. *Paris,* 1748, 2 *vol. in-12. v. m.*

430. Voyages dans le Levant, dans les années 1749—1752, par F. Hasselquist, trad. de l'all. *Paris,* 1769, 2 *tom. en* 1 *vol. in-12. v. m.*

431. Voyages dans l'Asie-Mineure et en Grèce, dans les années 1764 à 1766, par R. Chandler, trad. de l'anglais. *Paris,* 1806, 3 *vol. in-8. fig. dem. rel.*

432. Voyage du Bengale à Saint-Pétersbourg, à travers les provinces septentrionales de l'Inde, par G. Forster, trad. de l'angl. par Langlès. *Paris,* 1802, 3 *vol. in-8. bas.*

433. Voyages de J. Ovington, à Surate et en d'autres lieux de l'Asie et de l'Afrique, trad. de l'angl. *Paris,* 1725, 2 *vol. in-12. v. m.*

434. Voyage à la mer Rouge, sur les côtes de l'Arabie, en Egypte, etc. par Eyles Yrwin, trad. de l'angl. *Paris,* 1792, 2 *vol. in-8. fig. v. r.*

435. Voyage en Syrie et en Egypte, pendant les années 1783 à 1785, par Volney. *Paris,* 1787, 2 *vol. in-8. fig. v. r.*

moore

Racine

Mme Destelle   227 j^om

                                       429. Mel.

p.

                                       432. Wei.

                                       433. wei. Mel.

                                       434. j^om

                                       435. j^om

436. wei.

437. Mel.

imparfait de g lignes.

Racine

Mme Dastilles

441. Mel.

p

443. Mel. Roch. *

p

p

446 Roch.

436. Nouveau Voyage dans la Haute et Basse-Egypte, la Syrie, etc. pendant les années 1792 à 1798, par W. G. Browne, trad. de l'angl. *Paris*, 1800, 2 *vol. in*-8. *fig. v. r.*

437. Voyage de Desmarchais en Guinée, isles voisines, etc. de 1725 à 1727, publié par Labat. *Paris*, 1730, 4 *vol. in*-12. *fig. v. m.*

Voyages en Europe.

438. Relation de plusieurs Voyages faits en Hongrie, Servie, Bulgarie, Macédoine, etc. trad. de l'anglois d'Ed. Brown. *Paris*, 1674, *in*-4. *fig. v. f.*

439. Journal du Voyage du Mis de Courtanvaux, pour essayer des instrumens relatifs à la longitude, mis en ordre par Pingré. *Paris, Imp. Roy.* 1768, *in*-4. *fig. v. r.*

440. Voyage d'Italie, de Dalmatie, de Grèce et du Levant, fait en 1675 et 1676, par J. Spon et G. Wheler. *La Haye*, 1724, 2 *vol. in*-12. *fig. v. f.*

441. Voyage de Dalmatie, de Grèce et du Levant, par G. Wheler, trad. de l'angl. *La Haye*, 1723, 2 *vol. in*-12. *fig. v. b.*

442. Voyages du P. Labat en Espagne et en Italie. *Paris*, 1730, 8 *vol. in*-12. *fig. v. b.*

443. Voyage dans les départemens du midi de la France, par A. L. Millin. *Paris*, 1807, 5 *vol. in*-8. *et atlas in*-4. *dem. rel.*

444. Voyages physiques dans les Pyrénées, en 1788 et 1789, par F. Pasumot. *Paris*, 1797, *in*-8. *v. m.* = Voyage au mont Perdu, par Ramond. *Paris*, 1801; *in*-8. *fig. dem. rel.*

445. A. Schotti itinerarium Italiæ. *Amst.* 1655, *in*-12. *fig. vél.* = J. Sinceri itinerarium Galliæ. *Ibid.* 1655, *in*-12. *fig. vél.*

446. Nouveau Voyage d'Italie, par M. Misson. *La Haye*, 1717, 3 *vol. in*-12. *fig. v. b.*

447. Voyage d'Italie, par Cochin. *Paris*, 1758, 3 *vol. in-12. v. m.*

448. Voyage d'un François en Italie, en 1765 et 1766, par J. de Lalande. *Paris*, 1769, 8 *vol. in-12. v. m. et atlas in-4. dem. rel.*

449. Voyages dans les Alpes, par de Saussure. *Neuchâtel*, 1780, 4 *vol. in-8. fig. v. m.*

450. Voyage astronomique et géographique dans l'Etat de l'Eglise, pour corriger deux degrés du méridien, par les PP. Maire et Boscovich, trad. du latin. *Paris*, 1770, *in-4. fig. v. m.*

451. Voyage en Sicile et à Malthe, trad. de l'angl. de Brydone, par Demeunier. *Paris*, 1775, 2 *vol. in-8. v. m.*

452. Voyage au Montamiata et dans le Siennois, par G. Santi, trad. de l'italien. *Lyon*, 1802, 2 *vol. in-8. fig. v. r.*

453. Viaggio in Dalmazia di A. Fortis. *In Venezia*, 1774, 2 *vol. in-4. fig. cart.*

454. Relation de deux Voyages faits en Allemagne, par rapport à la figure de la terre, par Cassini de Thury. *Paris*, 1763, *in-4. tiré de format in-fol. v. m.*

455. Voyage en Suisse, par W. Coxe, trad. de l'angl. *Lausanne*, 1790, 3 *vol. in-12. bas.*

456. Voyage en Espagne, par de Langle. *Paris*, 1803, *in-8. dem. rel.*

457. Voyage dans les montagnes de l'Ecosse et dans les isles Hébrides, en 1786, par J. Knox, trad de l'angl. *Paris*, 1790, 2 *vol. in-8. v. m.*

458. Voyages de Pallas dans plusieurs provinces de l'empire de Russie, trad. de l'allem. *Paris*, l'an 11, (1794,) 8 *vol. in-8. bas. et atlas in-4. dem. rel.*

459. Observations d'un voyageur sur la Russie, la Finlande, etc. par A. Burja. *Maestricht*, 1787, *in-8. dem. rel.* ⹀ Journal du dernier Voyage de

Colas.

les 4 1ers volumes seulement ~ ~~449. orl.~~

p.

Racine.

Silvestre

Lacouriere   453. wei.

p.   455. orl.

p.

Cretaine

Silvestre

460. Wei.

p.

p.

p.

p.

465. orl.　　　avec une Carte de lagrue

466. fir. mp†　　　firmin Didot.

Crozet.

Maithac

468. Wei. Wrat.

p.

Dolomieu dans les Alpes, par Brunn-Neergaard. *Paris*, 1802, *in-8. dem. rel.*

460. Voyage en Crimée et sur les bords de la mer Noire, en 1803, par J. Reuilly. *Paris*, 1806, *in-8. dem. rel.* = Mon Voyage en Prusse, ou Mémoires secrets sur Frédéric le Grand. *Paris*, 1807, *in-8. dem. rel.*

461. Voyage en Morée, à Constantinople, en Albanie, etc. pendant les années 1798 à 1801, par M. Pouqueville. *Paris*, 1805, 3 *vol. in-8. fig. dem. rel.*

462. Relation nouvelle d'un Voyage de Constantinople, (par Grelot.) *Paris*, 1680, *in-4. fig. v. f.*

463. Voyage pittoresque de la Grèce, par M. de Choiseul Gouffier. *Paris*, 1809, *in-fol. fig. cart.* Tome II, première partie, pages 1 à 176.

464. Voyage dans la Grèce, par M. Pouqueville. *Paris*, 1820, 5 *vol. in-8. fig. dem. rel.*

465. Le même, deuxième édition. *Paris*, 1826, 6 *vol. in-8. fig. dem. rel.*

466. Voyages dans la Grèce, accompagnés de Recherches archéologiques, par M. Bronsted. *Paris*, 1826, *grand in-4. fig. cart. première livraison. Pap. Vél.*

Voyages en Asie.

467. Voyages en Asie dans les XII, XIII, XIV et XVe siècles, par Benjamin de Tudele, etc. publiés par P. Bergeron. *La Haye*, 1735, 2 *tomes en 1 vol. in-4. fig. v. b.*

468. Ancienne Relation des Indes et de la Chine, de deux voyageurs mahométans qui y allèrent dans le IXe siècle, trad. d'arabe, (par E. Renaudot.) *Paris*, 1718, *in-8. v. b.*

469. Itinéraire d'une partie peu connue de l'Asie-Mineure, (par de Corancez.) *Paris*, 1816, *in-8. dem. rel.* = Notice bibliog. crit. et géograph.

sur l'itinéraire de Bordeaux à Jérusalem, par M. Walckenaer. *Paris*, 1813, *in-8. dem. rel.*

470. Voyage dans la Troade, par M. le Chevalier. *Paris, an* VII, (1799,) *in-8. fig. dem. rel.*

471. Itinerarium hierosolymitanum et syriacum, auct. J. Cotovico. *Antuerp.* 1619, *in-4. fig. parch.*

472. Relation historique d'un voyage au mont de Sinaï et à Jérusalem, par A. Morison. *Toul,* 1704 , *in-4. v. b.*

473. Voyage de l'Arabie Heureuse, par de la Roque. *Paris,* 1716 , *in-12. v. b.* = Dans la Palestine, par le même. *Amst.* 1718, *in-12. fig. v. b.* = En Turquie, en Perse, en Arménie, etc. par un Missionnaire. *Paris,* *in-12. v. b.* = Nouveau Voyage de la Terre-Sainte, par le P. Nau. *Paris,* 1757, *in-12. v. b.*

474. Voyages de F. Bernier, contenant la description des Etats du Grand Mogol. *Amst.* 1724, 2 *vol. in-12. fig. v. m.*

475. Voyage du chevalier Chardin en Perse et autres lieux de l'Orient. *Amst.* 1735, 4 *vol. in-4. fig. v. b.*

476. Recueil des Voyages qui ont servi à l'établissement de la Compagnie des Indes orientales. *Rouen,* 1725, 10 *vol. in-12. fig. v. b.*

477. Navigatio ac Itinerarium J. H. Linscotani, in Indiam orientalem, etc. *Hagæ Com.* 1599, *in-fol. fig. vél.*

478. Voyage de Gautier Schouten aux Indes orientales, de 1658 à 1665, trad. du holl. *Rouen,* 1725, 2 *vol. in-12. v. b.*

479. Journal d'un Voyage fait aux Indes orientales, par une escadre de Duquesne, en 1690 et 1691, (par R. Challes.) *Rouen,* 1721, 3 *vol. in-12. v. b.*

480. Voyage aux Indes orientales et à la Chine,

Silvestre

idem

crozet.

Silvestre

Moore

p.

p.

470 jom-

477. ellas, az+

479. wei.

482. Wei.

Cordier

andreit

p.

487. ash. xxz⁺

488. deb.

depuis 1774, jusqu'en 1781, par Sonnerat. *Paris,* 1782, 3 *vol. in-8. fig. v. r.*

481. Voyage dans les mers de l'Inde, par le Gentil. *Paris, Imp. Roy.* 1779, 2 *vol. in-4. fig. v. m.*

482. Voyage dans l'Inde et au Bengale dans les années 1789 et 1790, par Degrandpré. *Paris,* 1801, 2 *vol. in-8. dem. rel.*

483. Voyage de Siam des pères Jésuites. *Paris,* 1686, *in-4. fig. v. b.*

484. Journal du voyage de Siam, fait en 1685 et 1686, par l'abbé de Choisy. *Paris,* 1687, *in-4. v. b.* = Second voyage du P. Tachard au royaume de Siam. *Paris,* 1689, *in-4. fig. v. b.*

485. Voyage en Chine et en Tartarie, à la suite de l'ambassade de lord Macartney, par Holmes, trad. de l'angl. *Paris,* 1805, 2 *vol. in-8. fig. dem. rel.*

486. Voyage en Sibérie, par Gmelin, trad de l'all. *Paris,* 1767, 2 *vol. in-12. v. m.*

487. Voyage en Sibérie, fait en 1761, par Chappe d'Auteroche. *Paris,* 1768, 3 *vol. gr. in-4. fig. v. f. et atlas in-fol. dem. rel.*

488. Recueil des figures et cartes du voyage en Sibérie, et de cinquante-cinq dessins originaux de cet ouvrage. *Grand in-fol. dem. rel. dos de m. r.*

Ce volume est composé des pièces suivantes : Portraits de Chappe d'Auteroche et de Jacques Pernetti. = Frontispice, grand dessin. = Le même, gravé de plus petit format. = Planches du tome 1er, les n°s 1 à 36, dessins et gravures. = Planches du tome 11, les n°s 1 à 17, dessins et gravures. = Frontispice de l'atlas, dessin et gravure. = La table des plus grands froids, page 94 du tome 1er, et le cours des rivières chaudes. n°s IV, V et VI du tome 11 n'ont pas de dessins. Tout l'atlas, n° 1 à 27, et trois cartes à la fin qui le complètent, sont aussi sans dessins.

Dans les cinquante-cinq dessins, il y en a 32 de J. B. Leprince, 7 de J. M. Moreau le jeune, 32 qui sont les planches d'histoire naturelle, par Careme de Fécamp, et deux planches d'astronomie, n°s 35 et 36 du tome 1er sans nom de dessinateur. Ils sont collés sur papier de Hollande, et la gravure est au bas.

489. Voyage à l'île de Ceylan, dans les années 1797 à 1800, par R. Percival, trad. de l'anglais. *Paris*, 1803, 2 *vol. in-8. fig. dem. rel.*

490. Voyages de C. P. Thunberg, au Japon, trad. par Langlès. *Paris*, 1796, 4 *vol. in-8. v. m.*

Voyages en Afrique.

491. Recueil de voyages en Afrique. 5 *vol. in-12. rel.* savoir : Voyage pour la rédemption des captifs, aux royaumes de Maroc et d'Alger, en 1723. *Paris*, 1726. = Du royaume d'Issiny, par Loyer, 1714. = Sur les côtes d'Afrique, 1723. = En Egypte en 1672, par Vansleb. *Paris*, 1677. = Relation de l'empire de Maroc, par Olon. *Paris*, 1695.

492. Relation d'un voyage aux côtes d'Afrique, en 1695, etc. par de Gennes. *Amst.* 1699, *in-12. fig. v. b.* = Histoire d'Abissinie et d'Éthiopie, par Ludolf. *Paris*, 1684, *in-12. v. b.* = Voyage au cap de Bonne-Espérance, par de la Caille. *Paris*, 1776, *in-12. v. m.*

493. Voyage à la côte occidentale d'Afrique en 1786 et 1787, par Degrandpré. *Paris*, 1801, 2 *vol. in-8. fig. dem. rel.*

494. Voyage dans l'intérieur de l'Afrique, depuis le cap de Bonne-Espérance, à travers la Cafrerie, etc. depuis 1781 jusqu'en 1797, par C. F. Damberger, trad. de l'allem. *Paris, an* IX, (1801,) 2 *vol. in-8. bas. r.*

495. Voyages et découvertes dans l'intérieur de l'Afrique, par Houghton et Mungo-Park, trad. de l'angl. *Paris, an* VI, (1798,) *in-8. fig. v. r.*

496. Voyage dans l'intérieur de l'Afrique, en 1795, 1796 et 1797, par Mungo-Park, trad. de l'angl. *Paris, an* VIII, (1800,) 2 *vol. in-8. v. r.*

p.

489. Wei.

491 jom.

492 jom

493. Wei.
494 jom.

p.

496 jom.

498 jom.

499. Mel. jom. amt

porquet.

silvestre

503. wei.

504. jom.

505 jom.

506. mac

497. Voyage de F. Hornemann dans l'Afrique septentrionale, trad. de l'angl. par L. Langlès. *Paris*, 1803, 2 *vol. in-8. v. r.*

498. Voyage dans la partie méridionale de l'Afrique en 1797 et 1798, par J. Barrow, trad. de l'angl. *Paris*, 1801, 2 *vol. in-8. fig. dem. rel.*

499. Voyage d'Egypte et de Nubie, par F. L. Norden, avec des notes par Langlès. *Paris*, 1795, 3 *vol. in-4. fig. v. r.*

500. Voyage à l'oasis de Thèbes, et dans les déserts situés à l'orient et à l'occident de la Thébaïde, pendant les années 1815 à 1818, par M. Fréd. Cailliaud, rédigé par M. Jomard. *Paris, Imp. Roy.* 1821, *in-fol. br.* 1re *liv. texte et planches, Pap. Vél.*

501. Voyages de Shaw dans plusieurs provinces de la Barbarie et du Levant, contenant des observations sur les royaumes d'Alger et de Tunis, etc. trad. de l'angl. *La Haye*, 1743, 2 *vol. in-4. fig. v. m.*

502. Voyage en Barbarie pendant les années 1785 et 1786, par Poiret. *Paris*, 1789, 2 *vol. in-8. v. r.*

503. Nouveau Voyage de Guinée, trad. de l'angl. de G. Smith. *Paris*, 1751, 2 *vol. in-12. v. b.*

504. Voyage au cap de Bonne-Espérance, et autour du monde, par A. Sparmann, trad. par le Tourneur. *Paris*, 1787, 3 *vol. in-8. fig. v. m.*

505. Voyage historique d'Abyssinie, par Jérôme Lobo, trad. du portugais. *Paris*, 1728, *in-4. fig. v. m.*

506. Voyage aux sources du Nil, en Nubie et en Abyssinie, dans les années 1768 à 1772, par J. Bruce, trad. de l'angl. *Paris*, 1790, 5 *vol. in-4. fig. et atlas v. m.*

Voyages en Amérique, etc.

507. Voyage dans la mer du Sud par les Espagnols et les Hollandais, par Dalrymple, trad. de l'angl. *Paris*, 1774, *in-8. fig. v. m.*

508. Relation du voyage de la mer du Sud, aux côtes du Chili et du Pérou, en 1712, 1713 et 1714, par Frezier. *Paris*, 1732, *in-4. fig. v. éc.*

509. Découvertes des Français, en 1768 et 1769, dans le sud-est de la Nouvelle-Guinée, (par de Fleurieu.) *Paris, Imp. Roy.* 1790, *in-4. fig. v. r.*

510. Recueil de Voyages dans l'Amérique méridionale, trad. de l'espagnol et de l'angl. *Amst.* 1738, 3 *vol. in-12. fig. v. b.*

511. Journal du voyage à l'équateur, par de la Condamine, avec le supplément. *Paris, Imp. Roy.* 1751, 2 *vol. in-4. fig. v. m.* = Mesure des trois premiers degrés du méridien, par le même. *Ibid.* 1751, *in-4. fig. v. m.*

512. Relation abrégée d'un voyage fait dans l'intérieur de l'Amérique méridionale, par de la Condamine. *Paris*, 1745, *in-8. v. m.* = Voyage dans l'intérieur de l'Amérique septentrionale, en 1766, etc. par J. Carver, trad. de l'angl. *Paris*, 1784, *in-8. v. r.*

513. Journal historique d'un voyage fait aux îles Malouines en 1763 et 1764, par D. Pernety. *Berlin*, 1769, 2 *vol. in-8. v. m.*

514. Nouveau voyage aux îles de l'Amérique, par le P. Labat. *Paris*, 1722, 6 *vol. in-12. fig. v. b.*

515. Voyage à la Martinique, par Thibault de Chanvalon. *Paris*, 1763, *in-4. fig. v. r.*

516. Voyage du baron de Lahontan dans l'Amérique septentrionale. *Amst.* 1728, 3 *vol. in-12. fig. v. m.*

517. Voyage fait en 1750 et 1751, dans l'Amé-

508. Weï,

509. weï,

510. Ric. p$^+$

511. ins.

p.

Illustre

p.

p.

517. Ric. i$^+$

Silvestre

p.

Cantian gaury
idem

guilbert
Sommelier gorettin

526. Wei.

Silvestre

idem

rique septentrionale, par de Chabert. *Paris,
Imp. Roy.* 1753, *in-4. fig. v. m.*

518. Nouvelle relation contenant les voyages de
Th. Gage dans la Nouvelle-Espagne. *Amst.* 1695,
2 *vol. in-12. fig. v. v.*

519. Voyage et aventures de F. Leguat en deux
îles désertes des Indes orientales. *Londres,* 1708,
2 *vol. in-12. fig. v. b.* = Voyages de R. Lade en
Afrique, Asie et Amérique, trad. de l'angl. *Paris,*
1744, 2 *vol. in-12. v. j.*

3.

520. Aventures du S. le Beau, ou voyage parmi les
sauvages de l'Amérique septentrionale. *Amst.*
1738, 2 *vol. in-12. fig. vél.* = Voyage au pays de
Bambouc, (composé par Coste.) *Paris,* 1789,
in-8. v. m.

1 - 50.

Chronologie.

521. Thesaurus temporum Eusebii Pamphili,
studio J. J. Scaligeri. *Lugd. Bat.* 1606, *in-fol. v. b.*

6.

522. D. Petavii opus de doctrina temporum. *Antuerp.* 1705, 3 *vol. in-fol. v. m.*

36.

523. D. Petavii rationarium temporum. *Lugd. Bat.*
1710, *in-8. fig. vél.*

4 - 5.

524. Abrégé chronologique de l'Histoire universelle, trad. du latin du P. Petau. *Paris,* 1715,
5 *tomes en* 4 *vol. in-12. v. m.*

2 - 50.

525. J. Marshami canon chronicus ægyptiacus,
ebraicus, græcus, etc. *Lipsiæ,* 1676, *in-4. v. b.*

526. Epochæ celebriores astronomis, historicis,
chronologis Chataiorum, Syro-Græcorum, Arabum, etc. usitatæ, arabice et lat. ex traditione
Ulug Beigi, recens. et comment. illustravit J.
Gravius. *Londini,* 1650, *in-4. v. b.*

6 - 9.

527. L'Antiquité des temps rétablie et défendue
contre les Juifs et les nouveaux chronologistes,
(par Pezron.) *Paris,* 1688, *in-12. v. b.*

2.

528. La Chronologie des anciens royaumes corri-

1 - 50

gée, trad. de l'angl. de Newton. *Paris*, 1728, *in-4. v. m.*

529. Défense de la chronologie contre le système chronol. de Newton, par Freret. *Paris*, 1758, *in-4. v. m.*

530. L'Art de vérifier les dates des faits histori-ques, etc. (par D. F. Clément.) *Paris*, 1770, *in-fol. v. éc.*

Histoire universelle.

531. Justini historiæ Philippicæ, cum not. var. et ex recens. J. G. Grævii. *Amst.* 1691, *in-8. vél.*

532. Discours sur l'histoire universelle, par J. B. Bossuet. *Paris*, 1811, 2 *vol. in-8. dem. rel.*

533. Tablettes chronologiques de l'Histoire uni-verselle, par Lenglet du Fresnoy. *Paris*, 1763, 2 *vol. in-8. v. m.*

534. Tableaux chronologiques des principaux faits de l'histoire depuis l'ère vulgaire, par J. B. Gail. *Paris*, 1819, *in-8. dem. rel.*

535. Atlas historique, par Le Sage. *Paris*, 1807, *in-fol. max. fig. dem. rel.*

536. Les Ruines, ou méditations, par Volney. *Paris*, 1817, *in-8. dem. rel.* = L'Alphabet eu-ropéen appliqué aux langues asiatiques, par le même. *Paris*, 1819, *in-8. dem. rel.* = Simpli-fication des langues orientales, par le même. *Paris*, an III, (1795,) *in-8. bas.*

537. J. A. Werdenhagen introductio universalis in omnes respublicas. *Amst. ex offic. Elzeviriana*, 1632, *in-24*; et 47 autres volumes des républi-ques, *in-24. vél. et v. b.*

538. Histoire des empires et des républiques, de-puis le déluge jusqu'à Jésus-Christ, par Guyon. *Paris*, 1736, 12 *vol. in-12. v. b.*

539. Elémens de l'histoire générale, par Millot. *Paris*, 1772, 4 *vol. in-12. v. m.*

Schaubeck

p.

p.

Simonet.

malafait.

p.

Simonet.

p.   ajouté 2 volumes.

malafait.

529 jom.

530 mac

534. of.

540. C.

guilbert

malafait

asduit

p.

guilbert.

545. wei. quat-ax†

labitto

pierre

549. ambr.

pierre

rendu imparfait avec six astres vel. ~~labitto~~
p.

540. Essai sur l'histoire universelle, et recherches sur celle de la Sarmatie, par J. Potocki. *Varsovie*, 1789, 5 *part. en* 1 *vol. in-8. fig. dem. rel.*

541. Extraits des historiens arabes de l'histoire des croisades de M. Michaud, trad. et revus par M. Reinaud. *Paris*, 1829, *in-8. br.*

542. Essai sur l'influence des croisades, trad. de l'allem. de Heeren. *Paris*, 1808, *in-8. dem. rel.* = De l'influence des croisades sur l'état des peuples de l'Europe, par M. de Choiseul Daillecourt. *Paris*, 1809, *in-8. dem. rel.*

543. Essai sur l'esprit et l'influence de la réformation de Luther, par C. Villers. *Paris*, 1808, *in-8. dem. rel.*

544. Les Juifs d'occident, ou recherches sur l'état civil, le commerce, etc. des Juifs en France, en Espagne et en Italie, par A. Beugnot. *Paris*, 1824, *in-8. dem. rel.*

Histoire ecclésiastique.

545. Pauli Orosii adversus paganos historiarum lib. VII, cum not. var. et ex recens. Sig. Havercampi. *Lugd. Bat.* 1738, *in-4. v. f.*

546. M. Adami Historia ecclesiastica; ejusd. Libellus de situ Daniæ, curante E. Lindenbruch. *Lugd. Bat.* 1595, *in-4. v. m.*

547. Abrégé chronol. de l'Histoire ecclésiastique, (par Macquer.) *Paris*, 1751, 2 *vol. in-8. v. m.*

548. Sommaire des principaux Fondateurs et Réformateurs des Ordres religieux, avec leurs pourtraicts, etc. par le P. L. Beurrier. *Paris*, 1635; *in-4. fig. vél.*

549. Monumens historiques relatifs à la condamnation des chevaliers du Temple, par M. Raynouard. *Paris*, 1813, *in-8. dem. rel.*

550. Conformité des coutumes des Indiens orien-

taux, avec celles des Juifs et des autres peuples
de l'antiquité, (par de la Crequiniere.) *Brusselles,*
1704, *in*-12. *fig. v. b.*

Histoire ancienne, des Juifs, etc.

2 -- 551. Histoire philosophique du monde primitif,
par Delisle de Sales. *Paris,* 1793, 7 *vol. in-*8. *br.*

45 - 5 552. Flavii Josephi Opera omnia, gr. et lat. cum
not. J. Hudsoni, recens. S. Havercampus. *Amst.*
1726, 2 *vol. in-fol. v. b.*

4 - - 553. Histoire des Juifs, de Flavius Joseph, trad. du
grec, par Arnauld d'Andilly. *Paris,* 1744, 6 *vol.*
*in-*12. *bas.*

2 - 5 554. Histoire des Juifs et des peuples voisins, par
Prideaux, trad. de l'angl. *Amst.* 1722, 5 *vol.*
*in-*12. *vél.*

14 . 50 555. Antiquitatum judaicarum lib. ix, auct. B.
Aria Montano. *Lugd. Bat.* 1593, *in-*4. *dem. rel.*
556. Réflexions sur l'origine, l'histoire et la suc-
cession des anciens peuples chaldéens, hé-
breux, etc. par Fourmont l'aîné. *Paris,* 1747,
2 *vol. in-*4. *v. m.*

6 - 25 557. Recherches nouvelles sur l'histoire ancienne,
(par Volney.) *Paris,* 1814, 3 *vol. in-*8. *dem. rel.*
= Chronologie d'Hérodote, par le même. *Paris,*
1808, *in-*8. *dem. rel.*

16 . 5 558. Annales des Lagides, par M. Champollion
Figeac. *Paris,* 1819, 2 *vol. in-*8. *dem. rel.*

4 . 95 559. De l'état et du sort des colonies des anciens
peuples, (par de Sainte-Croix.) *Philadelphie,*
1779, *in-*8. *v. r.*

Histoire grecque.

20 - - 560. Pausaniæ Græciæ descriptio, gr. et lat. cur.
J. Kuhnio. *Lipsiæ,* 1696, *in-fol. vél.*

3 . 60 561. Pausanias, ou voyage historique de la Grèce,

Malafait.

moore

limonet.

p.

guilbert

andrat

guilbert.

552. ash. hit

Labitte

558. wei.

labitte

Cordier

562. Van. h2-y   marque le vol des notes qui
                      forme un tome 7.

                                                    Lalitte
564. ash. n+   Sous la grande carte de la grece idem

                                                    Cretaine

                                                    moore

        ajouté 5 volumes   p.
                                                    Schaubeck
                                                    guilbert

570. Suf.

                                                              p.
572. Mel. si compl. ez+   marque lexicon xenophontenn
                                                    Mlle Dodot.

574. Mel. xz+

                                                    p.

trad. par Gedoyn. *Paris,* 1731, 2 *vol. in-*4. *fig. v. f.*

562. Description de la Grèce de Pausanias, trad. par Clavier, avec le texte en regard. *Paris,* 1814, 6 *vol. in-*8. *dem. rel.*   *30 - 50*

563. J. Palmerii Græciæ antiquæ descriptio. *Lugd. Bat.* 1678, *in-*4. *vél.*   *4. 10.*

564. Voyage du jeune Anacharsis en Grèce, par J. J. Barthélemy. *Paris, Didot, l'an* VII, (1799,) 7 *vol. in-*8. *v. éc. et atlas in-*4. *dem. rel.*   *21 - 5.*

565. Atlas pour le Voyage du jeune Anacharsis en Grèce, sans le texte. *Pour l'édition de Didot jeune, in-fol. Pap. Vél.*   *5.*

566. Herodoti historiarum libri novem, gr. et lat. cum notis P. Wesselingii. *Amst.* 1763, *in-fol.* ~~u. b.~~ *vd.*   *38.*

567. Les histoires d'Hérodote, trad. du grec en fr. par du Ryer. *Paris,* 1713, 3 *vol. in-*12. *v. m.*   *2 - 30.*

568. Histoire d'Hérodote, trad. du grec, par Larcher. *Paris,* 1786, 7 *vol. in-*8. *v. éc.*   *30 - 95*

569. La même, seconde édition. *Paris,* 1802, 9 *vol. in-*8. *v. r.*   *46.*

570. Thucydidis de bello peloponnesiaco libri octo, gr. et lat. ex recens. C. A. Dukeri. *Amst.* 1731, *in-fol. vél.*   *43 - 95*

571. Histoire de Thucydide, trad. du grec, par Perrot d'Ablancourt. *Paris,* 1671, 3 *vol. in-*12. *v. b.*

572. Œuvres complètes de Xénophon, en grec, latin et françois, trad. par Gail. *Paris, Imp. Roy.* 1814, 7 *tom. en* 10 *vol. in-*4. *fig. dem. rel.*   *59 - 5.*

573. Diodori Siculi bibliotheca historica, græce. *Excud. H. Stephanus,* 1559, *in-fol. v. b.*   *5 - 5.*

574. Idem opus, gr. et lat. ex recens. P. Wesselingii. *Amst.* 1746, 2 *vol. in-fol. vél.*   *53 - -*

575. Histoire universelle de Diodore de Sicile,   *12.*

trad. en fr. par Terrasson. *Paris*, 1737, 7 *vol. in-*12. *bas.*

576. G. Gemisti Plethonis de iis quæ post pugnam Mantinensem apud Græcos gesta sunt lib. II, gr. cum not. H. G. Reichardi. *Lipsiæ*, 1770, *in-*12. *dem. rel. dos de m. r.*

577. Arriani de expeditione Alexandri Magni historiarum lib. VII, gr. et lat. cum not. var. et ex recens. N. Blancardi. *Amst.* 1668, *in-*8. *vél.* = Ejusd. ars tactica, gr. et lat. *Amst* 1750, *in-*8. *v. m.*

578. Arriani expeditio Alexandri Magni et indica historia, gr. et lat. cum not. var. *Amst.* 1757, *in-*8. *v. b.*

579. Arriani historia indica, gr. et lat. ex recens. F. Schmieder. *Halæ Magd.* 1798, *in-*8. *v. r.*

580. Q. Curtii Rufi historia Alexandri Magni, cum not. var. *Amst. ex Off. Elzevir.* 1673, *in-*8. *vél.*

581. Idem opus, cum not. var. cur. H. Snakenburg. *Delphis*, 1724, 2 *tom. en* 1 *vol. in-*4. *vél.*

582. Examen critique des anciens historiens d'Alexandre le Grand, par de Sainte-Croix. *Paris*, 1775, *in-*4. *fig. bas.*

583. Le même ouvrage, seconde édition. *Paris*, 1810, *in-*4. *fig. dem. rel.*

584. Lettres à Bailly sur l'histoire primitive de la Grèce, par Rabaut de Saint-Etienne. *Paris*, 1787, *in-*8. *bas.*

585. Histoire des premiers temps de la Grèce, par Clavier. *Paris*, 1809, 2 *vol. in-*8. *dem. rel.*

586. Mémoires sur divers points d'ancienne histoire grecque, par L. C. F. Petit-Radel. *Paris*, *Imp. Roy.* 1820, *in-*4. *dem. rel.*

587. Examen analytique, et tableau comparatif des synchronismes de l'histoire des temps héroïques de la Grèce, par L. C. F. Petit-Radel. *Paris*, *Imp. Roy.* 1827, *in-*4. *dem. rel.*

Moore

Schaubeck

p.

p.

p.   revu du imparfait des planches

guilbert.

idem

m.lle Bodot.

576. wei.

577. ash. x+

578. ash. p+

579 mac.

580 mac.

581. ash. am+
        mac.

        mac.
583. Cous. x+

584. cous. m+
        mac.

586. cous. p+ Mel.

587. cous. m+ Rod.

588. Cous. mt   malafait.

589. Cous. amt   p.

590. Cous. mt   pierre

591. ash. Lit   Mlle Bodot.

                                                 Schaubeck

593 Mac

595. ash. amt   Crozet.

                                                 p.

597. ash. ait   Schaubeck

598 mac.

              ajouté deux doubles   p.

588. Recherches philosophiques sur les Grecs, par de Pauw. *Paris*, 1788, 2 *vol. in*-8. *bas.*

589. Histoire critique de l'établissement des colonies grecques, par M. Raoul-Rochette. *Paris*, 1815, 4 *vol. in*-8. *dem. rel.*

590. Des anciens gouvernemens fédératifs, et de la législation de Crète, (par le baron de Sainte-Croix.) *Paris, an* VII, (1799,) *in*-8. *dem. rel.*

Histoire romaine.

591. Polybii historiarum quidquid superest, gr. et lat. ex recognit. J. Schweighæuser. *Lipsiæ*, 1789, 8 *tom. en* 9 *vol. in*-8. *bas.*

592. Histoire de Polybe, trad. du grec, par V. Thuillier, avec les commentaires de Folard. *Paris*, 1727, 6 *vol. in*–4. *fig. v. b.* = Sentimens d'un homme de guerre sur le nouveau système de Folard, (par de Savornin.) *Paris*, 1733, *in*–4. *v. f.*

593. C. Sallustii quæ extant, cum not. var. et ex recens. A. Thysii. *Lugd. Bat.* 1649, *in*-8. *vél.*

594. Salluste, trad. en françois, avec le texte en regard, par Mollevaut. *Paris*, 1813, *in*-8. *dem. rel.*

595. C. J. Cæsaris Opera, cum not. var. cura F. Oudendorpii. *Lugd. Bat.* 1737, 2 *tom. en* 1 *vol. in*-4. *vél. dent.*

596. Les antiquitez romaines de Denys d'Halicarnasse, trad. du grec, par G. F. le Jay. *Paris*, 1722, 2 *vol. in*-4. *v. b.*

597. Titi Livii historiæ, cum not. var. *Amst.* 1679, 3 *vol. in*-8. *vél.*

598. C. Velleii Paterculi quæ supersunt, cum not. var. curante P. Burmanno. *Roterod.* 1756, *in*-8. *v. m.*

599. C. C. Tacitus. *Amst.* 1701, *in*-18. *v. b.* = Justinus. *Traj. ad Rhen.* 1668, *in*-12. *vél.* = Historiæ romanæ epitome. *Amst.* 1647, *in*-18. *vél.*

600. C. C. Taciti Opera, cum notis G. Brotier. *Paris.* 1776, 7 *vol. in-12. v. m.*

601. Vitæ Cæsarum, quarum auctores hi, C. Suetonius, Ælius Spartianus, etc. *Basil.* 1546, *in-fol. vél.*

602. C. Suetonius Tranquillus. *Amst. D. Elzevirius,* 1671, *in-18. vél.* = Valerius Maximus. *Ibid.* 1671, *in-18. vél.*

603. C. Suetonii Tranquilli Opera, cum not. var. *Traj. ad Rhen.* 1690, 2 *vol. in-8. fig. v. b.*

604. Idem Suetonius, cum not. var. cur. P. Burmanno. *Amst.* 1736, 2 *vol. in-4. fig. vél.*

605. L. An. Florus. *Lugd. Bat. apud Elzevirios,* 1638, *in-12. vél.* = C. C. Tacitus. *Amst. D. Elzevirius,* 1678, *in-18. vél.*

606. Appiani Alexandrini romanarum historiarum libri, gr. et lat. cum not. var. edente A. Tollio. *Amst.* 1670, 2 *vol. in-8. vél.*

607. Dionis Cassii romanarum historiarum lib. xxv, gr. et lat. *Excud. H. Stephanus,* 1591, *in-fol. v. b.*

608. Herodiani historiarum libri octo, gr. et lat. *Oxon. e Th. Sheld.* 1678, *in-8. v. b.*

609. S. Aurelii Victoris historiæ romanæ breviarium, cum not. var. *Lugd. Bat.* 1670, *in-8. vél.*

610. Idem opus, ex recens. J. F. Gruneri. *Coburgi,* 1757, *in-8. v. m.*

611. Eutropii breviarium historiæ romanæ, cum not. var. curante H. Verheyk. *Lugd. Bat.* 1762, *in-8. v. f.*

612. Ammiani Marcellini rerum gestarum lib. xviii, cura H. Valesii. *Paris.* 1681, *in-fol. fig. v. f.*

613. Ammien Marcellin, trad. en franç. (par Moulines.) *Lyon,* 1778, 3 *vol. in-12. bas.*

614. Zosimi Historiæ, gr. et lat. cum not. var. *Oxon. e Th. Sheld.* 1679, *in-8. vél.*

615. Ejusd. Historiæ, gr. et lat. cum not. var. accurante C. Cellario. *Cizæ,* 1679, *in-8. vél.*

600 mac.

Cretaine

moore

mouillé.

p.

Crozet.

Roch +
604. ash. az +
mac

p.

Labitte

p.

p.

611. ash. p 20

moore

cordier

cantian gauoy

heber.

Labitte

616. jom.

Labitte

Simonet.

620. jom. *

porquet.

porquet.

Cantian geury

623. jom. * inf.
     piqué des vers.

Moore

616. Historiæ Augustæ scriptores sex, cum not.
    var. accurante C. Schrevelio. *Lugd. Bat.* 1661,
    in-8. m. r.

617. Les Césars de l'empereur Julien, trad. du
    grec, par de Spanheim. *Amst.* 1728, *in-4. fig. v. m.*

618. Traité des finances et de la fausse monnoye
    des Romains, (par de Chassipol.) *Paris,* 1740,
    in-12. bas.

619. Recherches historiques sur la police des Ro-
    mains, concernant les grands chemins, etc. par
    Bouchaud. *Paris, an* VIII, (1800,) *in-8. dem.
    rel.* = Des changemens opérés dans toutes les
    parties de l'administration de l'empire Romain,
    par M. Naudet. *Paris,* 1817, *in-8. dem. rel.*

620. Histoire des grands chemins de l'empire
    romain, par N. Bergier. *Bruxelles,* 1728, 2 *vol.
    in-4. fig. v. b. Gr. Pap.*

Histoire byzantine.

621. Histoire de Constantinople, depuis le règne
    de l'ancien Justin, jusqu'à la fin de l'Empire,
    trad. du grec, par Cousin. *Paris,* 1672, 8 *vol.
    in-4. v. b.*

622. G. Syncelli chronographia, gr. et lat. cum
    not. J. Goar. *Paris. e Typ. R.* 1652, *in-fol. v. b.*

623. Gesta Dei per Francos, sive orientalium et
    regni Francorum hierosolymitani historia, ex
    recens. J. Bongarsii. *Hanoviæ,* 1611, 2 *vol.
    in-fol. vél.*

624. Notitia utraque dignitatum cum orientis,
    tum occidentis, studio G. Panciroli. *Lugd.*
    1608, *in-fol. v. b.*

625. Notitia dignitatum Imperii romani, ex re-
    cens. P. Labbe. *Parisiis, e Typ. Reg.* 1651,
    in-18. v. b.

626. Memoriæ populorum olim ad Danubium,
    Pontum Euxinum, etc. incolentium, e scripto-

ribus historiæ byzantinæ erutæ, a J. G. Strittero. *Petropoli*, 1771, *in-4. v. m. Le tome* 1er.

627. Observations historiques et géographiques sur les peuples barbares qui ont habité les bords du Danube et du Pont-Euxin, par de Peyssonnel. *Paris*, 1765, *in-4. fig. v. m.*

Histoire d'Italie.

628. Nouveaux mémoires, ou observations sur l'Italie et sur les Italiens, (par Grosley.) *Londres*, 1764, 3 *vol. in-12. v. m.*

629. Saggio sulla nautica antica de' Veneziani, di V. Formaleoni. *In Venezia*, 1783, *in-8. fig. v. éc.* = Essai sur la marine ancienne des Vénitiens, par V. Formaleoni, trad. de l'italien. *Venise*, 1788, *in-8. fig. v. éc.*

630. Essai critique sur la topographie de Syracuse, au commencement du cinquième siècle avant l'ère vulgaire, par M. Letronne. *Paris*, 1812, *in-8. fig. dem. rel.*

631. Malte ancienne et moderne, par de Boisgelin. *Paris*, 1809, 3 *vol. in-8. br.*

Histoire de France.

632. Had. Valesii notitia Galliarum. *Parisiis*, 1675, *in-fol. vél.*

633. Description historique et géographique de la France, par de Longuerue. *Paris*, 1719, 2 *part. en* 1 *vol. in-fol. v. m.*

634. J. Cæsaris Portus Iccius illustratus, sive G. Somneri ad Chiffletii librum de Portu Iccio responsio, etc. *Oxonii, e Th. Sheld.* 1694, *pet. in-8. fig. bas.* = In pharum Galliæ antiquæ, P. Labbe disquisitiones geographicæ. *Lut. Par.* 1647, *in-12. v. b.*

635. Histoire des Celtes, et particulièrement des

Sommellier

guilbert.

Labitte

Sommellier

Simonet

Moore

629. quat. b+ ins.

630. yan. b+20c
mil. h+

631. wei. fa.

636. jom.

637. Mel.

638. Leip. cheap.   porquet,

639. jom.

                                                     Sommellier

                                                     guilbert.

642. tri. Kop. ai + f d. C.   idem

                                                     Sommellier

ajouté 3 pieces, de Cantates,   Ronand.
a-Ven

Gaulois et des Germains, par S. Pelloutier.
Paris, 1770, 8 *vol. in-*12. *v. m.*

636. Histoire des Gaules et des conquêtes des Gaulois depuis leur origine, par D. J. Martin. *Paris,*
1780, 2 *vol. in-*4. *fig. v. m.*

637. Histoire critique de l'établissement de la monarchie françoise dans les Gaules, par Dubos.
Paris, 1742, 2 *vol. in-*4. *v. m.*

638. Recueil des historiens des Gaules et de la
France. *Paris, Impr. I.* 1806, *les tom.* 14 *à* 18,
5 *vol. in-fol. br.*

639. Nouvel abrégé chronologique de l'Histoire
de France, par le prés. Hénault. *Paris,* 1749,
*in-*4. *v. m.* = Supplément. *Paris,* 1756, *in-*4.
dem. rel.

640. Histoire de France, par Anquetil. *Paris,* 1805,
14 *vol. in-*12. *br.* = Motifs des guerres et des
traités de paix de la France, par le même. *Paris,*
an vi, (1798,) *in-*8. *br.*

641. Mémoire concernant les relations qui exis-
taient au xiie siècle entre le Dannemark et la
France, par Laporte du Theil. *Paris, an* x,
(1802,) *in-*4. *cart. Pap. Vél.*

Il n'a été tiré que quelques exemplaires de cet ouvrage séparément des Mémoires de l'Institut.

642. Recueil de pièces historiques sur la reine
Anne ou Agnès, épouse de Henri 1er, roi de
France, et fille de Jarosslaf 1er, grand duc de
Russie, avec une notice du prince Alexandre
Labanoff de Rostoff. *Paris, F. Didot,* 1825,
*in-*8. *fig. dem. rel.*

Cet ouvrage ne s'est pas vendu.

643. Revue chronologique de l'Histoire de France,
de 1787 à 1818, (par l'abbé de Montgaillard.)
Paris, 1820, *in-*8. *dem. rel.*

644. Fastes, en latin et en françois, Fêtes du cou-

ronnement. *Paris, Didot,* 1804, *in-4. cart.*
Pap. Vél.

2 - 50 645. Essais historiques sur Paris, par de Saint-Foix. *Paris,* 1765, 7 *vol. in-12. vel. j.*

646. Nouvelles recherches sur la ville gauloise d'Uxellodunum, par M. Champollion-Figeac. *Paris, I. R.* 1820, *in-4. fig. dem. rel.*
647. Description de la Gaule belgique, par C. Wastelain. *Lille,* 1761, *in-4. fig. v. m.*

8 - — 648. Essai historique, topographique et statistique sur l'arrondissement de Boulogne-sur-Mer, par J. F. Henry. *Boulogne,* 1810, *in-4. fig. dem. rel.*

12 - - 649. Histoire de la ville de Lille, depuis sa fondation jusqu'en 1434. *Paris,* 1764, *in-12. dem. rel.*
= Observations sur l'Histoire de Lille, (par Wartel.) *Avignon,* 1765, *in-12. dem. rel.*

8 - — 650. Description historique de Dunkerque, par P. Faulconnier. *Bruges,* 1730, 2 *tom. en 1 vol. in-fol. fig. v. m.*

4 - — 651. Histoire du Droit municipal en France, sous la domination romaine, et sous les trois dynasties, par M. Raynouard. *Paris,* 1829, 2 *vol. in-8. br.*

5 - 5 652. Conjuration d'Etienne Marcel contre l'autorité royale, ou Histoire des Etats généraux de France des années 1355 à 1358, par M. Naudet. *Paris,* 1815, *in-8. dem. rel.*

653. Traité historique des monnoies de France, augmenté d'une dissertation sur quelques monnoies de Charlemagne, par Leblanc. *Amst.* 1692, *in-4. fig. v. b.*

Histoire d'Allemagne, de Suisse, etc.

16. 95 654. P. Cluverii Germania antiqua. *Lugd. Bat. L. Elzevirius,* 1616, *in-fol. fig. vél. dent.*

5 - 5 655. Descrittione di L. Guicciardini, di tutti i

Sommellier

Sommellier   647. Wei.

De 1.er Blanquat.

Simonet

Idem

Idem

                                             653. C.

Guilbert.

P.

guilbert.

truchy

moore

659. War. az†

660. War. am† gre. az†   guilbert.

p.

662. gre. i†   andreif
663. luf.   guilbert.

664. iuf.

blanchet.

Paesi-Bassi. *In Anversa*, 1588, *in-fol. v. b. dent.*
fig. coloriées.

656. Lettres sur quelques cantons de la Suisse,
écrites en 1819 et 1820, par M. Raoul-Rochette.
Paris, 1820, 2 *vol. in-8. dem. rel.*

657. Histoire de la révolution helvétique de 1797
à 1803, par M. Raoul-Rochette. *Paris*, 1823,
in-8. fig. dem. rel.

6 - 50.

658. Notice sur Cadix et sur son île, par de Fé-
russac. *Paris*, 1823, *in-8. fig. dem. rel.* = Nouveau voyage en Espagne, en 1777 et 1778, (par
Peyron.) *Paris*, 1782, 2 *vol. in-8. v. m.*

3 - 5.

659. An inquiry into the history of Scotland,
preceding the reign of Malcolm III, or the year
1056, by J. Pinkerton. *London*, 1794, 2 *vol.*
in-8. cart.

11 - 20.

660. Historia Olai Magni de gentium septentrionalium variis conditionibus, statibus, etc. *Ba-*
sil. 1567, *in-fol. v. m. dent. fig. en bois.*

31 -

661. Olai Magni historiæ septentrionalium gentium breviarium lib. xxii. *Lugd. Bat.* 1645,
in-12. v. f. = Daniæ, Norvegiæ, etc. descriptio,
auct. Rutgero Hermannida. *Amst.* 1669, *in-12.*
vél.

2 -

662. Recherches sur l'origine et les divers établissemens des Scythes ou Goths, par J. Pinkerton,
trad. de l'angl. *Paris*, 1804, *in-8. cart. Pap. Vél.*

8 -

663. Chronique, mémoires et recherches pour
servir à l'histoire de tous les peuples Slaves, par
le comte Jean Potocki. Livre xlii, comprenant
la fin du neuvième siècle de notre ère. *Varsovie*,
1793, 2 *part. en* 1 *vol. in-4. dem. rel.*

36.

664. Histoire de la ville de Hambourg, de sa religion, de son gouvernement et de son commerce.
Paris, 1809, 2 *vol. in-8. bas.*

11 - 5.

665. Tableau de la mer Baltique, considérée sous
les rapports physiques, géographiques, etc. par

4.

Catteau-Calleville. *Paris,* 1812, 2 *vol. in-*8. *dem. rel.*

666. Histoire de Christine reine de Suède, par M. Catteau-Calleville. *Paris,* 1815, 2 *vol. in-*8. *dem. rel.*

667. Nouvelle description de l'Islande, par Anderson, trad. de l'allem. *Paris,* 1764, 2 *vol. in-*12. *fig. v. m.*

668. Histoire de la Laponie, trad. du latin de Scheffer. *Paris,* 1678, *in-*4. *fig. v. b.*

Histoire orientale.

669. Bibliothéque orientale, ou dictionnaire universel, contenant tout ce qui fait connaître les peuples de l'Orient, par d'Herbelot. *La Haye,* 1777, 4 *vol. in-*4. *v. m.*

670. Specimen historiæ Arabum, et historia compendiosa dynastiarum, auctore Gr. Abulpharajio, arabice et lat. versa ab E. Pocockio, cum supplemento latine conscripto. *Oxoniæ,* 1650 et 1663, 4 *vol. in-*4. *v. b.*

671. Mémoires du baron de Tott, sur les Turcs et les Tartares. *Maestricht,* 1785, 4 *tom. en* 2 *vol. in-*12. *v. m.*

672. Description des îles de l'Archipel, trad. du flamand d'O. Dapper. *Amst.* 1703, *in-fol. fig. v. b.*

673. Mémoires hist. et géogr. du royaume de la Morée, Négrepont, etc. par Coronelli. *Amst.* 1686, *in-*8. *fig. v. b.*

674. Histoire de la régénération de la Grèce, par M. Pouqueville. *Paris,* 1824, 4 *vol. in-*8. *dem. rel.*

Histoire de l'Asie, de l'Afrique et de l'Amérique.

675. Recueil d'observations curieuses sur les mœurs, les coutumes, les usages, etc. de différens peuples de l'Asie, de l'Afrique et de l'Amérique. *Paris,* 1749, 4 *vol. in-*12. *v. f.*

guilbert

Klaproth

Crozet.

le specimen historicae arabum   6 6g. Luc. complet. px$^+$.
plus court et remboité.   a/h. x$^+_2$.

                                            6yo. a/h. Rod. ius.

p.

p.

p.

676. Luc. xz+   Costoma b et 5 differents de
677. ~~letter~~. ellas. xat   ntian   porquet

                                        p.

                                        p.

681. Rhod. cheap.   La Corrière
                                        p.

683. gnat. xz+

                                        p.

                                        p.

                                        Simond

                                        p.

676. Histoire générale des Huns, des Turcs, etc. par de Guignes. *Paris*, 1756, 5 *vol. in-4. v. m.*

677. Lettres édifiantes et curieuses, écrites des missions étrangères. *Paris*, 1780, 26 *vol. in-12. fig. v. m.*

678. Recherches philosophiques sur les Egyptiens et les Chinois, par de Pauw. *Berlin*, 1773, 2 *vol. in-12. v. m.*

679. Histoire universelle des Indes occidentales et orientales, par Wytfliet. *Douay*, 1611, *in-fol. fig. vél.*

680. Histoire philosophique et politique des établissemens et du commerce des Européens dans les deux Indes, par Raynal. *La Haye*, 1774, 9 *vol. in-8. v. r.*

Histoire de l'Asie.

681. Mémoires relatifs à l'Asie, par M. J. Klaproth. *Paris*, 1824, *in-8. dem. rel.*

682. Recherches historiques sur la connaissance que les anciens avaient de l'Inde, par W. Robertson, trad. de l'angl. *Paris*, 1792, *in-8. v. r.*

683. Description historique et géographique de l'Inde, contenant la géographie de l'Indoustan, trad. du latin du P. J. Tieffenthaler, etc. publ. par J. Bernoulli. *Berlin*, 1786, 5 *tom. en* 3 *vol. in-4. fig. v. j.*

684. Description historique et géograph. de l'Indostan, par J. Rennell, trad. de l'angl. *Paris*, 1800, 3 *vol. in-8. et atlas in-4. v. r.*

685. Histoire des Indes orientales, anciennes et modernes, par l'abbé Guyon. *Paris*, 1744, 3 *vol. in-12. bas.*

686. Histoire des guerres de l'Inde, ou des événemens militaires arrivés dans l'Indoustan depuis 1745, trad. de l'angl. (de M. Orme, par Targe.) *Amst.* 1765, 2 *vol. in-12. v. m.*

687. Ch. Rommel Abulfedea Arabiæ descriptio, commentario illustr. *Gottingæ*, 1802, *in-4. dem. rel.*

688. Description de l'Arabie, et voyage en Arabie, par Niebuhr. *Amst.* 1774 et 1776. = Questions de Michaelis. *Amst.* 1774, 4 *tom. en* 3 *vol. in-4. fig. v. éc. et v. m.*

689 Historia imperii vetustiss. Joctanidarum in Arabia Felice, ex Abulfeda, etc. arab. et lat. edente Schultens. *Harderovici*, 1786, *in-4. v. m.*

690. Abulfedæ tabula Syriæ, arab. et lat. ex vers. et cum not. J. B. Koehler, et cum animadvers. J. J. Reiskii. *Lipsiæ*, 1766, *in-4. bas.*

691. Mémoires historiques et géographiques sur l'Arménie, par M. J. Saint-Martin. *Paris, Imp. Roy.* 1818, 2 *vol. in-8. dem. rel.*

692. Mohammedis filii Charendschahi vulgo Mirchondi historia Samanidarum, persice et lat. ex vers. et cum annot. F. Wilken. *Goettingæ*, 1808, *in-4. bas.*

693. L'ambassade de D. Garcias de Silva, en Perse, trad. de l'espagnol. *Paris*, 1667, *in-4. v. b.*

694. Relation de Dourry Effendy, ambassadeur de la Porte ottomane auprès du roi de-Perse, trad. du turk. *Paris*, 1810, *in-8. dem. rel.*

695. Description du pachalik de Bagdad, (par Rousseau.) *Paris*, 1809, *in-8. dem. rel.* = Notice géographique sur le pays de Nedjd, ou Arabie centrale. *Paris*, 1823, *in-8. fig. dem. rel.*

696. Du royaume de Siam, par de la Loubère. *Amst.* 1691, 2 *vol. in-12. fig. v. b.*

697. Histoire civile et naturelle du royaume de Siam, par Turpin. *Paris*, 1771, 2 *vol. in-12. v. m.*

698. Description du royaume de Camboge, par un voyageur chinois, trad. du chinois par M. Abel-Rémusat. *Paris*, 1819, *in-8. fig. dem. rel.* = Histoire de la ville de Khotan, tirée des annales de

guilbert.

crozet.

689. C. ins.

689. wei.
690. dem.

adroit.

691. mil. 6+

692. ins.

tachi de pourriture

certaines

p.

moore

Moore

p.

Dutot

androit.

malafait.

moore

Labitte

andvoit.

Silvestre

la Chine, et trad. du chinois, par M. Abel Rémusat. *Paris*, 1820, *in-8. dem. rel.*

699. Description géographique, historique, etc.
de l'empire de la Chine et de la Tartarie chinoise, par le P. J. B. Duhalde. *Paris*, 1735, *4 vol.
gr. in-fol. fig. v. m.*

700. Nouveaux mémoires sur l'état présent de la
Chine, par le P. L. le Comte. *Paris*, 1697, *2 vol.
in-12. fig. v. b.*

701. Histoire des deux conquérans qui ont sub-
jugué la Chine, par le P. d'Orléans. *Paris*, 1688,
in-8. fig. v. b.

702. L'ambassade de la compagnie orientale des
Provinces-Unies, vers l'empereur de la Chine, par
J. Nieuhoff, et trad. en franç. *Leyde*, 1665, *in-
fol. fig. v. m.*

703. Ambassade au Thibet et au Boutan, par
J. Turner, trad. de l'angl. *Paris*, 1800, *2 vol.
in-8. v. r. et atlas in-4. dem. rel.*

704. Histoire de Timur-Bec, connu sous le nom
de Tamerlan, trad. du persan de Cherefeddin-
Ali, par Petis de la Croix. *Paris*, 1722, *4 vol.
in-12. v. b.*

705. Histoire naturelle, civile et ecclésiastique du
Japon, par Kæmpfer, trad. de l'allem. *La Haye*,
1729, *2 vol. in-fol. fig. v. b.*

706. Histoire et description générale du Japon,
par de Charlevoix. *Paris*, 1736, *9 vol. in-12.
fig. v. j.*

707. Ambassades mémorables de la compagnie des
Indes orientales des Provinces-Unies, vers l'empereur du Japon. *Amst.* 1680, *in-fol. fig. v. b.*

708. Description du Pégu et de l'île de Ceylan,
trad. de l'angl. et de l'allem. de W. Hunter et
C. Wolf. *Paris*, 1793, *in-8. bas.* = Roman hist.
philos. et polit. de Bryltophend, trad. de l'angl.
suivi de trois relations sur le royaume du Thibet,

sur le Japon, et sur l'île de Sumatra. *Paris,* 1787, *in-*8. *v. m.*

1 — — — 709. Histoire de la conquête des îles Moluques, trad. de l'espagnol d'Argensola. *Amst.* 1706, 3 *vol. in-*12. *fig. v. b.*

Histoire de l'Afrique.

8. 50 710. Edrisii Africa, arab. et lat. curante J. M. Hartmann. *Gottingæ,* 1796, *in-*8. *v. r.*

2. 50 711. J. Leonis Africani Africæ descriptio. *Lugd. Bat. apud Elzev.* 1632, *in-*18. *vél.*

4. 15 712. Historiale description de l'Afrique, par J. Léon, trad. de l'arabe. *Lyon,* 1556, 2 *tom. en* 1 *vol. in-fol. v. b. l. r. fig. coloriées.*

2 — — 713. L'Afrique de Marmol, trad. par Perrot d'Ablancourt. *Paris,* 1667, 3 *vol. in-*4. *fig. v. b.*

2 — — 714. Description de l'Afrique, trad. du flamand d'O. Dapper. *Amst.* 1686, *in-fol. fig. v. b.*

8. 5 715. Nouvelle relation de l'Afrique occidentale, par le P. Labat. *Paris,* 1728, 5 *vol. in-*12. *fig. v. b.*

2. 50 716. L'Égypte ancienne, par d'Origny. *Paris,* 1762, 2 *vol. in-*12. *v. m.*

5. 60 717. Mémoire sur l'Égypte ancienne et moderne, par d'Anville. *Paris, Imp. Roy.* 1766, *in-*4. *fig. v. m.*

6. 50 718. Recherches pour servir à l'histoire de l'Égypte pendant la domination des Grecs et des Romains, par M. Letronne. *Paris,* 1823, *in-*8. *dem. rel.*

5. 95 719. Abulfedæ descriptio Ægypti, arab. et lat. ex vers. et cum not. J. D. Michaelis. *Gottingæ,* 1776, *in-*4. *v. m.*

2. 5 720. Description de l'Egypte, composée sur les mémoires de Maillet, par le Mascrier. *Paris,* 1735, *in-*4. *fig. v. b.*

880 — — 721. Description de l'Egypte, ou recueil des observations et des recherches qui ont été faites en Egypte, pendant l'expédition de l'armée fran-

D. 1. 50 711 Double vente

p.   trs fatigué.

                                                710. Mil. a2 +
                                                     j'om.
crozet.   ton gaté! et ajoté un exemple gaté   711. j'om.
               de l'emballage de la chine fut. Doble
p.   du n° 702.
cretaine

                                                715. j'om.
                                                716. gre. p +
silvestre

guilbert.

silvestre   719. j'om.

heber

guilbert.

Mme Dastilles
Silvestre

725. Sut.

Silvestre
idem

728. Rec. mi + ash. p2⁺   Crozet.

çaise. *Paris, Imp. Impér. et Roy.* 1809 *et ann.*
suiv. 9 *vol. in-fol. de texte et* 12 *vol. très grand*
in-fol. de planches, cart.

722. Recueil de onze Mémoires faisant partie de la   *12 -*
  description de l'Egypte, publiée par le gouvernement. *In-fol. br.*

Savoir : Mémoires sur les Tribus arabes des déserts, par
M. du Bois-Aymé. = Voyage dans l'intérieur du Delta, par
MM. du Bois-Aymé et Jollois.=Mémoire sur les mesures agrai-
res des anciens Egyptiens, par M. Girard.=Description géné-
rale de Thèbes, par MM. Jollois et Devilliers.=Description des
Antiquités de Tentyris, de Coptos et d'Apollinopolis Parva,
par les mêmes. = Recherches sur les Bas-Reliefs astrono-
miques des Egyptiens, par les mêmes. = Mémoire sur le
Système métrique des anciens Egyptiens, par M. Jomard. =
Mémoire sur le lac de Mœris, comparé au lac Fayoum, par le
même. = Description des Antiquités d'Abydus, par le même.
= Mémoire sur la communication de la mer des Indes à la
Méditerranée, par M. J. M. Lepère, avec des cartes in-fol.
atlant. cart. = Mémoire sur les Lacs et les Déserts de la Basse-
Egypte, par M. G. Lepère.

723. Lettres sur l'Egypte, par Savary. *Paris*, 1785,   *4 -*
  3 *vol. in-8. v. r.*

724. Description historique et géogr. des plaines   *1 - 50*
  d'Héliopolis et de Memphis. *Paris*, 1755, *in-*12.
  fig. v. m.

725. Vita et res gestæ Saladini, auct. Bohadino   *15 - - V*
  F. Sjeddadi, arab. et lat. ed. A. Schultens. *Lugd.*
  Bat. 1732, *in-fol. v. m.*

726. Relation historique de l'Ethiopie occidentale,   *8 - 60*
  par Labat. *Paris,* 1732, 5 *vol. in-*12. *fig. v. b.*

727. Description du cap de Bonne-Espérance, par   *2 -*
  P. Kolbe, trad. en français. *Amst.* 1741, 3 *vol.*
  *in-*12. *fig. bas.*

Histoire de l'Amérique.

728. Extraict ou recueil des isles nouvellement   *66 - 50*
  trouvées en la grand mer Océane au temps de
  Fernand et Elizabeth, trad. du latin de Pierre

Martyr. *Paris, Simon de Colines, 1532, in-4. m. bl. dent. l. r. avec les lettres initiales en or et en couleurs.*

3 . 95   729. Histoire de l'Amérique, par Robertson, trad. de l'angl. *Paris, 1778, 4 vol. in-12. v. m.*

5 . 60   730. Histoire générale des voyages et conquestes des Castillans dans les Indes occidentales, trad. de l'espagnol d'Ant. de Herrera. *Paris, 1660, 3 vol. in-4. v. b.*

5 . 75   731. Histoire des découvertes et conquestes des Portugais dans le Nouveau-Monde, par J. F. Lafitau. *Paris, 1734, 4 vol. in-12. fig. v. m.*

3 . 80   732. Recherches philosophiques sur les Américains, par de Pauw. *Clèves, 1772, 3 vol. in-12. v. m.*

733. Histoire des Incas, trad. de l'espagnol de Garcilasso de la Vega. *Paris, 1744, 2 vol. in-12. bas.*

2 . 30   734. Histoire de la découverte et de la conquête du Pérou, trad. de l'espagnol d'Aug. de Zarate. *Paris, 1742, 2 vol. in-12. fig. v. m.*

2 . 95   735. Histoire naturelle, civile et géogr. de l'Orénoque, par J. Gumilla, trad. de l'espagnol. *Paris, 1758, 3 vol. in-12. fig. v. m.*

4 . —   736. Description de la colonie de Surinam, par P. Fermin. *Amst. 1769, 2 vol. in-8. fig. v. m.*

737. Histoire de la conquête du Mexique, trad. de l'espagnol de Solis. *Paris, 1730, 2 vol. in-12. fig. v. b.*

4 . 5   738. Histoire de la Louisiane, par M. Barbé-Marbois. *Paris, 1829, in-8. br.*

3 . —   739. Histoire de l'Amérique septentrionale, par de Bacqueville de la Potherie. *Paris, 1753, 4 vol. in-12. fig. dem. rel.*

740. Tableau du climat et du sol des États-Unis d'Amérique, par Volney. *Paris, 1803, 2 vol. in-8. v. r.*

1 . — — —   741. Aperçu des Etats-Unis au commencement du

Labitte

firm. Didot.

p.

Mᵐᵉ Desfelles

p.

ternaux

p.

Rouanet.

738. Ric. hᵗ

p.

Rouanet.

742. Ric, mz+

                                        Simonet.

                                        Dutot.

                                        Mme Delille

747. Cons. x+

748 Roch. le tome 1er est plus haut

749. of. ambr. *   p.

                                        moore

750. Rob. jom.

                                        idem

                                        Mme Birch

xix.ᵉ siècle, depuis 1800 jusqu'en 1810, par M. Félix Beaujour. *Paris*, 1814, *in-8. br.*

742. Histoire de la Nouvelle-France, par de Charlevoix. *Paris*, 1744, 3 *vol. in-4. fig. v. m.*

743. Histoire naturelle et morale des îles Antilles de l'Amérique, par de Rochefort. *Rotterdam*, 1681, *in-4. fig. v. b.*

744. Histoire de l'isle espagnole de Saint-Domingue, par le P. Charlevoix. *Paris*, 1731, 2 *vol. in-4. fig. v. b.*

ANTIQUITÉS.

Rites et Usages des Peuples anciens.

745. L'Utilité des voyages, qui concerne la connaissance des médailles, inscriptions, statues, par Baudelot de Dairval. *Paris*, 1693, 2 *vol. in-12. fig. v. b.*

746. L'Antiquité dévoilée par ses usages, par Boulanger. *Amst.* 1772, 3 *vol. in-12. v. m.*

747. De l'origine des lois, des arts et des sciences chez les anciens peuples, par Goguet. *Paris*, 1759, 6 *vol. in-12. fig. v. m.*

748. Recueil d'Antiquités égyptiennes, étrusques, grecques et romaines, (par de Caylus.) *Paris*, 1752, 7 *vol. in-4. fig. v. éc.*

749. Recherches historiques et critiques sur les mystères du paganisme, par le B. de Sainte-Croix; seconde édition, publiée par M. le B. Silvestre de Sacy. *Paris*, 1817, 2 *vol. in-8. dem. rel.*

750. Essai sur les mystères d'Eleusis, par Ouvaroff, publ. par M. de Sacy. *Paris, Imp. Roy.* 1816, *in-8. dem. rel.*

751. Recherches sur la nature du culte de Bacchus en Grèce, par M. J. F. Gail. *Paris*, 1821, *in-8. dem. rel.*

752. Dissertation sur les attributs de Vénus, par de la Chau. *Paris*, 1776, *in-4. dem. rel. sans la fig.*

753. An account of the worship of Priapus lately existing at Isernia, in the kingdom of Naples, by R. P. Knight. *London*, 1786, *in-4. fig. m. r.* Rare.

754. L'Hercule thébain, ou de l'Hercule grec, considéré comme simple mortel, et dans ses rapports avec les divinités égyptiennes, etc. par le Prévost d'Iray. *Paris,* 1817, *in-8. dem. rel.*

755. Les Furies, d'après les poètes et les artistes anciens, par Boettiger. *Paris*, 1802, *in-8. dem. rel. fig. color.* = L. Bayfii annotat. in legem ii de captivis, in quibus tractatur de re navali, etc. *Basil.* 1537, *in-4. dem. rel. fig. en bois.*

756. E. Ottonis de tutela viarum publicarum liber. *Traj. ad Rhen.* 1731, *in-8. fig. v. m.*

757. Histoire du commerce et de la navigation des anciens, par Huet. *Lyon*, 1763, *in-8. v. m.*

758. Les navires des anciens, considérés par rapport à leurs voiles, etc. par le Roy. *Paris*, 1783, *in-8. fig. v. r.*

759. Recherches sur l'époque de l'équitation, et de l'usage des chars équestres chez les anciens, par le P. G. Fabricy. *Rome*, 1764, 2 *vol. in-8. v. m.*

Rites des Hébreux, des Égyptiens, etc.

760. Cippi hebraici, sive hebræorum tam vet. etc. Monumenta tum intra, tum extra Terram Sanctam observata, auct. J. H. Hottingero. *Heidelbergæ*, 1662, *in-12. v. b.*

761. Panthéon égyptien, collection des personnages mythologiques de l'ancienne Égypte, par M. Champollion jeune. *Paris*, 1823, *in-4. br. fig. coloriées, livraisons* 1 à 14.

762. Essai sur les hiéroglyphes des Egyptiens, par Warburthon, trad. de l'angl. *Paris*, 1744, 2 *vol. in-12. fig. v. m.*

763. Notice sur le Zodiaque de Denderah, par

mme Sisten   Roch.
                                              753. tri. *

                          + le normant   754. tri. gre. c+

moore   755. Roch. *

                                              756. Roch.

mme Sistch.
la meme   757. ambr.

la meme

                                              761. dic. azi+

guilbert.

                                              763. suf

guilbert

p.

m^r hiltel

766. wei.

767. wei. Roch. gre. h^t y^c

768. Suf.

769. afh. p^t y   Critaine

770. afh. ait gre. x z^t   Crozet

                                    heber

766. wei.

767. wei. Roch. gre. h^{t}y^c

768. Suf.

769. ash. pty

770. ash. ait gre. xz^t

guilbert

p.

M^{r} histd

crtaine

Crozet

heber

M. J. Saint-Martin. *Paris,* 1822, *fig.* = Nouvelles considérations sur le planisphère de Denderah, par M. de Paravey. *Ib.* 1822. = Notice de deux Papyrus égyptiens, par M. Champollion Figeac. *Ibid.* 1823, *fig.* = Deux Inscriptions grecques d'un temple égyptien, restituées par M. Letronne, etc. *In-8. dem. rel.*

764. Examen et explication des zodiaques de Denderah et d'Esné, par Halma. *Paris,* 1822, 2 *part. en* 1 *vol. in-8. fig. dem. rel.*

765. Histoire du commerce et de la navigation des Egyptiens sous les Ptolémées, par Ameilhon. *Paris,* 1766, *in-12. parch.*

766. Recherches sur l'origine, l'esprit et les progrès des arts de la Grèce, par d'Hancarville. *Londres,* 1785, 3 *vol. in-4. fig. v. r.*

Histoire lapidaire. Inscriptions, etc.

767. Istituzione antiquario lapidaria, o sia introduzione allo studio delle antiche latine iscrizioni. *In Roma,* 1770, *in-8. v. m.*

768. Lettre au cit. Chaptal, au sujet de l'inscription égyptienne du monument de Rosette, par M. Silvestre de Sacy. *Paris,* 1802, *in-8. fig. dem. rel.* = Explication de la date égyptienne d'une inscription grecque, tracée sur le colosse de Memnon à Thèbes, par M. Champollion Figeac. *Paris,* 1819, *in-8. dem. rel.*

769. Marmora Oxoniensia, recensuit et comment. explicavit H. Prideaux. *Oxon. e Th. Sheldon.* 1676, *in-fol. vél.*

770. Marmora Oxoniensia, gr. et lat. (edita ab H. Prideaux, J. Seldeno, etc.) cum præfatione N. Chandler. *Oxonii, e Typ. Clarend.* 1763, *in-fol. max. fig. m. r.*

771. Dissertation sur une ancienne inscription grecque, relative aux finances des Athéniens,

par Barthelemy. *Paris, Imp. Roy.* 1792, *in-4. dem. rel.*

772. Deux lettres à mylord comte d'Aberdeen, sur l'authenticité des inscriptions de Fourmont, par Raoul-Rochette. *Paris, Imp. Roy.* 1819, *in-4. fig. dem. rel.*

773. Mémoire sur quelques inscriptions puniques, par M. E. Quatremère. *Paris, Imp. Roy.* 1828, *in-8. br.* == Mémoire sur la vie et les ouvrages de Meidani, par le même. *Ibid.* 1828, *in-8. br.*

HISTOIRE MÉTALLIQUE.

Introduction à la Science des Médailles, etc.

774. Istituzione antiquario numismatica di G. A. Monaldini. *In Roma,* 1772, *in-8. fig. v. m.*

775. Specimen universæ rei nummariæ antiquæ, auct. A. Morellio. *Paris.* 1683, *in-8. fig. v. b.* == C. Patini introductio ad historiam numismatum. *Amst.* 1683, *in-12. fig. v. b.*

776. E. Spanhemii dissertationes de præstantia et usu numismatum antiquorum. *Londini,* 1706, 2 *vol. in-fol. fig. vél.*

777. La science des médailles, (par le P. Jobert.) *Paris,* 1715, 2 *vol. in-12. fig. v. b.*

778. Le même ouvrage. *Paris,* 1727, 2 *vol. in-12. fig. v. b.*

779. Le même ouvrage, avec des remarques, (par Bimard de la Bastie.) *Paris,* 1739, 2 *vol. in-12. fig. v. b.*

780. Copie d'un manuscrit original donné à M. Duvau le 23 juillet 1733, par M. Pescatory, qui lui assura pour lors que c'était le *vade-mecum* de M. Vaillant, qui l'avait fait et écrit de sa main, à son usage journalier, ce qui paraît assez par l'habileté de son auteur dans la science des médailles. *Petit in-4. v. m.*

Manuscrit sur Papier, contenant 155 pages.

guilbert

773. gre. p[t]

millingen   774. wei, ambr.✶
                         gre. h[t]y

idem   776.. Let. Roch.

moore

guilbert

heber
                         .780. Mi. x[t]

Certaine

p.

783. Mes. n.[t] pas plus   imparfait des planches
                                              guibert

784. Luc. azz[t] ash. azz[t]   ~~Crozet.~~
        revendu imparfait de trois planches.

                                              heber

786. ~~Roch~~ *   p.

                                              a de 1.[t] Blanquat.
788. Luf.   tilliard

789. Let. br.d. Roch. gre. p[t]

790 St-quat.

                                              Caulette

781. Notitia elementaris numismatum antiquorum, etc. ab E. Frœlich. *Viennæ*, 1758, *in-4.*
fig. vél.

782. Nouvelles recherches sur la science des médailles, inscriptions et hiéroglyphes antiques,
par Poinsinet de Sivry. *Maestricht*, 1778, *in-4.*
fig. dem. rel.

783. An essay on medals, or an introduction to
the knowledge of ancient and modern coins
and medals, by J. Pinkerton. *London*, 1789,
2 *vol. in-12. cart.*

784. Doctrina nummorum veterum, conscripta a J.
Eckhel. *Vindobonæ*, 1792, 8 *vol. in-4. fig. v. m.*

Collections de Médailles.

785. Description des médailles chinoises du cabinet impérial de France, précédée d'un essai
de numismatique chinoise, par J. Hager. *Paris,*
Imp. Imp. 1805, *in-4. fig. cart. Pap. Vél.*

786. Catalogue des médailles antiques et modernes du cabinet de M. d'Ennery, (par MM. Gossellin et de Tersan.) *Paris*, 1788, *in-4. br.*

787. Le même ouvrage. *In-4. br. en cart. Gr.*
Pap. Vél.

788. Description des médailles antiques du cabinet de M. Allier de Hauteroche, par M. Dumersan. *Paris*, 1829, *in-4. fig. br.* = Essai sur
l'explication d'une tessere antique, portant deux
dates, par Allier de Hauteroche. *Paris*, 1820,
in-4. fig. cart.

789. Lettera al signor Dom. Sestini sopra due
medaglie greche del gabinetto reale di Milano.
Milano, 1811, *in-8. fig. br.* = Su i valori delle
mesure e dei pesi degli antichi Romani, memo-
ria di L. S. Cagnazzi. *Napoli*, 1825, *in-8. br.*

790. Catalogus musæi Cæsarei Vindobonensis num-

morum veterum , disposuit et descrips. J.
Eckhel. *Vindobonæ,* 1779, 2 *vol. in-fol. fig. v. j.*

791. Tesoro Britannico, overo il museo num-
mario, descritto da N. F. Haym. *In Londra,* 1719,
2 *tom. en* 1 *vol. in-4. fig. v. m.*

792. Nummorum vet. populorum et urbium qui
in museo G. Hunter asservantur, descriptio,
studio C. Combe. *Londini,* 1782, *gr. in-4. fig.
v. éc.*

793. Choix de médailles antiques d'Olbiopolis,
ou Olbia , faisant partie du cabinet de M. de
Blaramberg à Odessa. *Paris,* 1822, *in-8. fig.
dem. rel.*

Médailles grecques, romaines, etc.

794. H. Goltzii numismata, scilicet : Fasti magis-
tratuum et triumphorum Romanorum. *Antuerp.*
1617.=Græciæ universæ numismata, cum comment. L. Nonnii. *Antuerp.* 1618 *et* 1620, 3 *vol.
in-fol. fig. v. b.*

795. Recueil des ouvrages de J. Pellerin sur les
médailles. *Paris,* 1762 , *et ann. suiv.* 10 *tom. en*
9 *vol. in-4. fig. v. m. et dem. rel.*
On a ajouté au dernier vol. une notice des médailles du cabinet de M. Pellerin, 1783.

796. Annus et epochæ Syro-Macedonum in vetus-
tis urbium Syriæ nummis expositæ, auct. F. H.
Noris. *Lipsiæ,* 1696, *in-4. v. b.*

797. Dissertation sur l'époque de la mort d'An-
tiochus VII, Evergètes Sidétes, roi de Syrie, sur
deux médailles antiques de ce prince, etc. par
Tochon d'Annecy. *Paris,* 1815, *in-4. fig. br.* =
Recherches hist. et géogr. sur les médailles des
nomes ou préfectures de l'Egypte, par le même.
Paris, Imp. Roy. 1822, *in-4. fig. dem. rel.*

798. Histoire des rois de Thrace, et de ceux du

791. wei. Roch.
nic. grex

792. wei. nic. iz

p.

critaine

795. ciy: cheap.

,796. Let;

797. Cab. imp.

p.

heber

799. gre. m^t

800. Kir. Lot. verif.

heber

803 nic.

Lalitte

805. nous

806. ambr.

807. ambr.

cretaine

Racine
cretaine

Bosphore Cimmerien, éclaircie par les médailles, par Cary. *Paris*, 1752, *in-4. fig. v. m.*

799. Mémoire sur une médaille anecdote de Polémon 1er, roi de Pont, par Allier de Hauteroche. *Cambray, 1826, in-8. fig. cart. Pap. Vél.*

800. Description des médailles antiques grecques, avec leur degré de rareté et leur estimation, par M. Mionnet. *Paris, 1806 et suiv. 6 vol. et 1 de planches, in-8. v. r.* = Supplément au même ouvrage, par le même. *Paris, 1819 et suiv. 4 vol. in-8. fig. br.*

801. Le même ouvrage avec le supplement. 11 *vol. in-8. fig. br. Pap. Vél.*

802. Recueil de planches pour la description des médailles antiques grecques, par M. Mionnet. *In-8. v. r.*

803. Numismatique du voyage du jeune Anacharsis, ou médailles du beau temps de la Grèce, par M. Dumersan. *Paris, 1818, 2 vol. in-8. fig. dem. rel.* = Notice des monumens exposés dans le cabinet des médailles et antiques de la bibliothèque du roi, par le même. *Paris, 1819, in-8. fig. dem. rel.*

804. Recueil de quelques médailles grecques inédites, par M. Millingen. *Rome, 1812, in-4. fig. dem. rel.*

805. Essai historique et critique sur les monnaies d'argent de la ligue Achéenne, par M. Cousinery. *Paris, 1825, in-4. fig. dem. rel.*

806. Leçons élémentaires de numismatique romaine. *Paris, 1823, in-8. fig. dem. rel.*

807. Histoire romaine éclaircie par les médailles, pour servir de suite à l'histoire universelle. *Paris, 1783, in-8. fig. v. m.*
Cet ouvrage forme le tome 126 de l'histoire universelle.

808. De la rareté et du prix des médailles romaines, par M. Mionnet. *Paris, 1815, in-8. fig. v. rac.*

809. Le même ouvrage, de la même édition. *In-8. fig. br. Pap. Vél.*

810. Le même ouvrage, seconde édition. *Paris, 1827, 2 vol. in-8. fig. dem. rel.*

811. Thesaurus Morellianus, sive familiarum romanarum numismata omnia, cum comment. Sig. Havercampi. *Amst.* 1734, 2 *vol. in-fol. v. f.*

812. Nummi argentei antiqui imperatorum romanorum a Pompeio Magno, ad tyrannos. *in-8. cart.*

Manuscrit autographe de M. Gossellin. Il y a de ce manuscrit deux exemplaires, tous deux écrits sur papier de Hollande, et qui paraissent entièrement conformes l'un à l'autre : ils seront vendus séparément. L'écriture de M. Gossellin est très jolie, et très facile à lire.

813. Commentaires historiques, contenant les vies des empereurs, impératrices, Césars et tyrans de l'empire romain, par les médailles, par Tristan. *Paris,* 1635, *in-fol. fig. v. b.*

814. C. Julius Cæsar, sive historiæ imperatorum romanorum ex antiq. numismatibus restitutæ, auct. H. Goltzio. *Brugis,* 1563, *in-fol. fig. v. b.*

815. Numismata imperatorum romanorum præstantiora, a Julio Cæsare, ad Postumum et tyrannos, per J. Vaillant. *Lut. Paris.* 1692, 2 *tom.* en 1 *vol. in-4. fig. v. b.*

816. Idem opus, (usque ad Constantinum perductum, stud. J. F. Baldini.) *Romæ,* 1743, 3 *vol. in-4. fig. v. m.* == Ad numismata imperatorum romanorum a Vaillantio edita supplementum, auct. J. Khell. *Vindob.* 1767, *in-4. fig. v. m.*

817. Numismata ærea imperatorum, Augustarum et Cæsarum in Coloniis jure latio donatis ex omni modulo percussa, per J. Foy Vaillant. *Parisiis,* 1688, *in-fol. fig. v. b.*

818. Numismata imperatorum, Augustarum et Cæsarum, a populis romanæ ditionis græce lo-

Simonet.

Tilliard

Millingen

De l' Blanquet.

Simonet.

Heber

Guilbert.
p.

810. Let. verif.
ambr.

812. Roch. un der deux.

815 nic.

816. Mel. 6rd.

817. Inf.

818. Wei. nic.

heber

porquet.

822 - wei. elli. to have. won. $p^x - y$ gre. az^+

p.

touchy

truchy

p^{me} diste

quentibus ex omni modulo percussa, per J. Vaillant. *Amst.* 1700, *in-fol. fig. v. b.*

819. Histoire abrégée des empereurs romains et grecs, etc. pour lesquels on a frappé des médailles, par Beauvais. *Paris*, 1767, 3 *vol. in-12. v. m.*

820. Le même ouvrage. 3 *tom. en* 6 *vol. in-12. cart.*
Ils sont intercalés de papier blanc, et il s'y trouve quelques notes manuscrites.

821. Numismata imperatorum romanorum, a Trajano Decio ad Palæologos, studio D. A. Banduri. *Lut. Paris.* 1718, 2 *vol. in-fol. fig. v. b.*

822. Numismatum imperatorum romanorum, ab A. Bandurio editorum supplementum, studio H. Taninii. *Romæ*, 1791, *in-fol. fig. bas.*

823. Lettre d'André Morelli, touchant les médailles consulaires, en lat. et en françois. *Amst.* 1702, *in-12. v. b.*

824. L. Nonnii comment. in numismata Augusti et Tiberii, H. Goltzio scalptore. *Antuerp.* 1620, *in-fol. fig. v. b.*

825. Histoire des quatre Gordiens, prouvée et illustrée par les médailles. *Paris*, 1695, *in-12. fig. bas.*

826. Dissertation sur les médailles attribuées au fils de l'empereur Postume, par M. Prosper Dupré. *Paris*, 1825, *in-8. br.* = Opuscules de M. Marchand, dont : Lettres sur les médailles des empereurs de Trébisonde. *Metz*, 1827, *in-8.* = Mélanges de numismatique et d'histoire. 2 *part. in-8. br.*

827. Essai sur les médailles antiques de Cunobelinus, roi de la Grande-Bretagne, par M. Roger de Lagoy. *Aix*, 1826, *in-4. fig. dem. rel. Pap. Vél.*

Traités sur les monnoies, poids et mesures.

828. Métrologie, ou traité des mesures, poids et monnoies des anciens peuples et des modernes,

(par A. J. P. Paucton.) *Paris*, 1781, *in-4. v. éc.*

829. Métrologie, ou tables pour l'intelligence des poids et mesures des anciens, et déterminer la valeur des monnoies grecques et romaines, par de Romé de l'Isle. *Paris*, 1790, *in-4. v. r.*

830. Description d'un étalon métrique orné d'hiéroglyphes, découvert dans les ruines de Memphis, par les soins de M. Drovetti, publié par M. Jomard. *In-4. fig. dem. rel.*

831. Mémoire sur la valeur des monnoies de compte, chez les peuples de l'antiquité, par le comte Germ. Garnier. *Paris*, 1817, *in-4. dem. rel.*

832. Histoire de la monnaie, depuis les temps les plus anciens, jusqu'au règne de Charlemagne, par Garnier. *Paris*, 1819, 2 *vol. in-8. dem. rel.*

833. Traité des monnoies musulmanes, par M. de Sacy. *Paris*, 1797, *in-8. fig. br.*

Monumens d'antiquités de différens pays, etc.

834. Monumens antiques inédits ou nouvellement expliqués, par A. L. Millin. *Paris*, 1802, 2 *vol. in-4. fig. v. r.*

835. Monumens inédits d'antiquité figurée, grecque, étrusque et romaine, recueillis en Italie et en Sicile dans les années 1826 et 1827, par M. Raoul-Rochette. *Paris*, 1828, *in-fol. fig. br. livraisons* 1 *et* 2.

836. Ægyptiaques, ou recueil de quelques monumens égyptiens inédits, par A. L. Millin. *Paris*, 1816, *fig.* = Mémoire sur les médailles de Marinus, frappées à Philippopolis, par Tochon d'Anneci. *Paris*, 1817, *fig.* = Dissertation sur une inscription grecque, et sur les pierres antiques qui servoient de cachets aux médecins oculistes, par le même. *Paris*, 1816, *fig.* = Notice sur une médaille de Ph. Mar. Visconti, duc de Milan, par le même. *Paris*, 1816, *fig.* = Dissertation sur une mé-

heber

idem

guibert.

p.

831. ambr.

832. Van. am^t-y

834. Roch.

guilbert.

idem.

839. Roch. gre. h+

Cruteines

841. wei.

mme Distel.

843. gre.

p.

guilbert.

846. Roch. *
847. Van. cheap.

techener

mme Distel

daille inédite d'Arsace xv, Phraate iv, roi des
Parthes, par Grivaud de la Vincelle. *Paris*, 1817,
in-4. fig. dem. rel.

837. Antiquités grecques du Bosphore Cimmérien, publiées et expliquées par M. Raoul-Rochette. *Paris*, 1822, *in-8. fig. dem. rel.*

838. Remarques sur un ouvrage intitulé : Antiquités grecques du Bosphore Cimmérien, (par
M. de Koehler.) *Saint-Pétersbourg*, 1823, *in-8.
fig. dem. rel.*

839. Monumentorum Galaticorum synopsis, sive
ad inscriptiones et numismata quæ ad res Gala-
ticas spectant, conjecturæ, auct. J. A. Huberto.
Liburni, 1772, *in-4. dem. rel.*

840. Antichità e succincta descrizione topografica
delle antichità di Roma, di Rod. Venuti. *In
Roma*, 1763, *2 part. en 1 vol. in-4. fig. v. m.*

841. Découverte de la maison de campagne d'Horace, par Capmartin de Chaupy. *Rome*, 1767,
3 vol. in-8. fig. dem. rel.

842. Observations sur les antiquités de la ville
d'Herculanum, par Cochin et Bellicard. *Paris*,
1754, *in-12. fig. v. m.*

843. Fouille faite à Pompéi en présence de la
reine des Deux-Siciles, le 18 mars 1813. *In-8.
fig. cart.*

844. Description des tombeaux de Canosa, par
A. L. Millin. *Paris*, 1816, *in-fol. atlant. fig.
cart. Pap. Vél.*

845. Notice sur les Nuraghes de la Sardaigne, considérés dans leurs rapports avec les résultats des
recherches sur les monumens cyclopéens ou
pélasgisques, par M. Petit-Radel. *Paris*, 1826,
in-8. fig. v. f. dent.

846. Recueil d'antiquités dans les Gaules, par de
la Sauvagère. *Paris*, 1770, *in-4. fig. bas.*

847. Antiquités de la ville de Saintes et du dépar-

tement de la Charente-Inférieure, par M. Chau-
druc de Crazannes. *Paris*, 1820, *in-4. fig.
dem. rel.*

848. Mémoires sur diverses antiquités du département de la Drôme, et sur les différens peuples
qui l'habitoient avant la conquête des Romains,
par l'abbé Chalieu. *Valence, in-4. br.*

849. Essai sur les antiquités du Nord, et les anciennes langues septentrionales, par C. Pougens.
Paris, 1799, in-8. br.

Mélanges d'antiquités, etc.

850. Musée de sculpture antique et moderne, par
M. le comte de Clarac. *Paris, Imp. Roy. 1826,
in-8. et figures, in-4. br. livrais. 1 à 4.*

851. Nouvelles observations sur le grand bas-
relief Mithriaque de la collection Borghèse, par
M. F. Lajard. *Paris, F. Didot, 1828, in-4. fig.
dem. rel.*

852. Le Jupiter olympien, ou l'art de la sculpture
antique en or et en ivoire, par M. Quatremère
de Quincy. *Paris, 1815, gr. in-fol. br. en cart.
fig. color.*

853. Sur la Vénus Victrix découverte dans l'île de
Milo, en 1820, par M. le comte de Clarac. *Paris,
Didot, 1821, in-4. fig. dem. rel.*

854. A. Gorlæi dactyliotheca. *In-4. fig. vél.*

855. Description des pierres gravées du baron de
Stosch, par Winckelmann. *Florence, 1760,
in-4. v. r.*

856. Introduction à l'étude des monumens antiques, des médailles et des pierres gravées, par
A. L. Millin. *Paris, 1796 et 1797, 3 part. in-8. br.*
= Exposé du Cours de Mythologie, par le
même. *Paris, 1809, in-8. br.* = Cours d'Histoire
héroïque, par le même. *Paris, 1810, in-8. br.*

guilbert.

Labitte.

Simonet.

Desforcine

Crozet.

Simonet.

848. van. cheap.
gre. p+

849. ambr. *

851 nic.

853. van. cheap.

856. Rod. in.
gre. it

857. C. gre. az[+]

858. van. cheap.   guilbert.

                                              La couvière

860. fa. gre. x[+]

                                              p.

862. cous. p[+] Roch. *
863. ambr. * Rod.   heber

                                              techener

                                              guilbert

857. Studii geniali del conte V. Deabbate, cioè : della villa di Marte, casa e lari dell' imperator de' Romani, P. Elvio Pertinace, etc. *Alba*, 1818 et 1820, 2 *vol. in-4. fig. dem. rel.*

858. Notice des monumens exposés dans le cabinet des médailles et antiques de la bibliothèque du roi, par M. Dumersan. *Paris*, 1822, in-8. *fig. dem. rel.* = Description des antiques du musée royal, par MM. Visconti et de Clarac. *Paris*, 1820, *in-8. cart.*

859. Lettres à M. le duc de Blacas d'Aulps, relatives au musée égyptien de Turin, par M. Champollion le jeune. *Paris*, 1824, *in-8. fig. dem. rel.* = Lettre à M. Dacier, relative à l'alphabet des hiéroglyphes phonétiques, par M. Champollion le jeune. *Paris*, 1822, *in-8. fig. dem. rel.*

860. Description des monumens musulmans du cabinet de M. le duc de Blacas, par M. Reinaud. *Paris*, *Imp. Roy.* 1828, 2 *vol. in-8. fig. br.*

Histoire littéraire, etc.

861. Lettres sur l'origine des sciences et sur l'atlantide de Platon, par J. S. Bailly. *Paris*, 1777, 2 *vol. in-8. parch.*

862. Origine des découvertes attribuées aux modernes, par Dutens. *Paris*, 1776, 2 *vol. in-8. v. r.*

863. Histoire littéraire de la France. *Paris*, 1814, *in-4. cart. et br.*
Les tomes XIII à XVI.

864. Dictionnaire raisonné de diplomatique, par D. F. J. de Vaines. *Paris*, 1774, 2 *vol. in-8. fig. v. m.*

865. Alphabetum tironianum, seu notas tironis explicandi methodus, studio D. P. Carpentier. *Lut. Paris.* 1747, *in-fol. fig. dem. rel.*

Histoire des académies, etc.

40 - — 866. Histoire et mémoires de l'Académie des Inscriptions et Belles-Lettres, depuis son établissement jusqu'en 1776, savoir : Histoire. *La
Haye*, 1718, 19 *vol.* = Mémoires. *La Haye*,
1719, 81 *vol. en tout* 100 *vol. in-12. fig. v. m.*

171 - — 867. Histoire et mémoires de l'Académie des Inscriptions et Belles-Lettres. *Paris*, 1764 *et ann.
suiv. Les tom.* 29, 30, 36 *à* 50, *en tout* 17 *vol.
in-4. fig. br. en cart.*

11 - 50 868. Tableau général raisonné des ouvrages contenus dans le recueil des mémoires de l'Académie des Inscriptions et Belles-Lettres, par de
Laverdy. *Paris*, 1791, *in-4. br.*

9 . 121 - — 869. Mémoires de l'Institut, classe d'histoire et de
littérature ancienne. *Paris*, 1815 *et suiv.* 8 *vol.
in-4. br. en cart.*

31 - -- 870. Histoire et mémoires de l'Académie royale
des Sciences, depuis 1666 à 1778. *Paris*, 1777,
162 *vol. in-12. fig. v. m. et tables* 7 *vol. en tout*
169 *vol.*

15 9 5 871. Mémoires de l'Institut de France, sciences
morales et politiques. *Paris*, 1798, 5 *vol. in-4.
br. en cart.*

9 . 79 - — 872. Les mêmes, sciences physiques et mathématiques. *Paris*, 1798 *à* 1815, 19 *part. in-4. br. en
cart.*

9 . 67 - — 873. Les mêmes, sciences physiques. *Années* 1816
à 1822, *les tom.* 1 *à* 5, *et les tom.* 7 *et* 8, *in-4.
br. en cart.*

14 . 95 874. Mémoires de l'Institut, savans étrangers.
Paris, 1806, 2 *vol. in-4. br. en cart.*

13 . 5 875. Les mêmes, littérature et beaux-arts. *Paris*,
1798, 4 *vol. in-4. br. en cart.*

16 . 5 876. Rapports historiques des trois classes de
l'Institut sur les progrès des sciences, de

porquet.

Crozet.   867. Ric. abz$^+$
                                                 ambr. verif.

idem   868. Let. Ric. ait
                                                 ambr. *

                                                 869. Ric. amz$^+$ suf
Couronné   et Kel. verif.
                                                 ambr. *

firmin Didot.

                                                 872. Ric. amz$^+$

                              ajouté le tome 6, ce qui
                              fait 8 volumes   873. Ric. azz$^+$

Simonet.

heber

idem

fir. Didot.

guilbert.

idem

880. Suf. ash. az⁺

881. ambr.

ardrif

idem

883. Mas. h⁺

Lommelin

ardrif

l'histoire, et de la littérature ancienne, par
MM. Cuvier, Delambre et Dacier. *Paris, Impr.
Imp.* 1810, 3 *vol. in-4. dem. rel.*

877. Rapports et discussions de toutes les classes
de l'Institut de France sur les ouvrages admis
au concours pour les prix décennaux. *Paris,*
1810, *in-4. dem. rel.*

878. Recherches asiatiques, ou mémoires de la
Société établie au Bengale, trad. de l'angl. *Paris,*
1805, 2 *vol. in-4. fig. dem. rel.*

879. Analyse des Mémoires contenus dans le
xive vol. des Asiatik researches, avec des notes,
par Langlès. *Paris,* 1825, *in-4. fig. dem. rel.*

Bibliographie générale et particulière.

880. Photii bibliotheca librorum quos legit, gr.
ed. D. Hoeschelio, lat. reddidit A. Schottus.
Rothomagi, 1653, *in-fol. v. b.*

881. Recherches sur les bibliothéques anciennes
et modernes, par M. Petit-Radel. *Paris,* 1819,
in-8. v. f. = Notice hist. sur les acqueducs des
anciens, par le même. *Paris,* 1803, *in-8. dem. rel.*

882. Bibliographie instructive, par G. F. de Bure
le jeune. *Paris,* 1763, 5 *vol. in-8. v. m. Il
manque les 2 vol. de Belles-Lettres.* = Catalogue des livres de Gaignat, par le même.
Paris, 1769, 2 *tom. en* 1 *vol. in-8. v. m. avec les
prix.* = Bibliographie instructive, tome x,
contenant la table des anonymes, etc. (par Née
de la Rochelle.) *Paris,* 1782, *in-8. br.*

883. Notice d'un livre imprimé à Bamberg, en
1462, par Camus. *Paris, an* vii, (1799,) *in-4.
fig. br.*

884. Mémoires sur la collection des grands et
petits voyages, et sur la collection des voyages
de M. Thévenot, (par A. G. Camus.) *Paris,* 1802,
in-4. dem. rel.

F iij

885. J. A. Fabricii Bibliotheca græca, curante G. C. Harles. *Hamburgi*, 1790, *les tomes* 1 *à* 10. *in-4. cart. non rognés.*

886. J. A. Fabricii Bibliotheca latina, studio J. A. Ernesti. *Lipsiæ*, 1773, 3 *vol. in-8. v. m.*

887. J. A. Fabricii Bibliotheca latina, mediæ et infimæ ætatis. *Hamburgi*, 1734, 6 *vol. in-8. vél.*

888. Bibliotheca historica instructa a B. G. Struvio, et digesta et emendata a J. G. Meuselio. *Lipsiæ*, 1782, 9 *tom. en* 18 *vol. in-8. br.*

889. Bibliotheca numismatica, exhibens catalogum auctorum qui de re monetaria, et numis scripsere, a J. C. Hirsch. *Norimbergæ*, 1760, *in-fol. bas.*

890. Journal des savans. *Paris, an* v, (1797,) 12 *cah. in-4. br.* = Le même. 1816, 5 *cah. et les années* 1817 *à* 1829, 13 *années, in-4. br.*

891. Voyages littéraires de deux religieux bénédictins de la congrégation de Saint-Maur. *Paris,* 1717, 2 *vol. in-4. fig. v. b.*

892. Notices et extraits des manuscrits de la Bibliothèque du Roi. *Paris, Imp. Roy.* 1787 *et ann. suiv.* 10 *vol. in-4. fig. v. m. et le tome* 11 *cart.*

893. Catalogue des manuscrits sanskrits de la Bibliothéque Imp. par Hamilton et Langlès. *Paris,* 1807, *in-8. cart.* = Mémoire sur les livres chinois de la Bibliothéque du Roi, par M. Abel Rémusat. *Paris,* 1818, *in-8. br.*

894. Bibliotheca Coisliniana, sive manuscriptorum omnium græcorum quæ in ea continentur descriptio, studio Bern. de Montfaucon. *Parisiis,* 1715, *in-fol. v. b.*

895. Recueil d'environ 120 Catalogues de bibliothéques. *In-8. br. qui seront détaillés.*

896. Catalogue des livres de la bibliothéque du duc de la Vallière, avec les prix imprimés. *Paris, G. de Bure,* 1783, 3 *vol. in-8. v. m.*

Caulian gaeuny

idem

crozet.

guibert.

Derin' Caron

sommelier

. Desaugiers .

heber

silvestre

andrieif

heber

limonet.

885. Cons. azz$^+$ Le...
     ash.iz$^+$
886. ash.p$^+$

887. ash.h$^+$

890. Kop. verit.

892. Ric. azz$^+$
     ambra. *

899. ash. mi† avec des piquans — Sommelier

Silvestre

900. ash. h† — Mc hiela

901. Cous. m† — la mere

902. Jeb. — Crozet

Racine

firm. Didot.

idem

906. tri. fuf. — Mc hiela

Silvestre

908. Mel. miz† — Crozet

Silvestre

90?. Diable nic.

Biographie générale et particulière.

897. Nouveau Dictionnaire historique. *Caen,* 1789, *13 - 50 -*
9 *vol. in-8. bas.*

898. Dictionnaire historique, ou Biographie uni- *32*
verselle classique, par le général Beauvais. *Paris,*
1826, 1 *tom. en* 12 *part. in-8. br.*

899. Plutarchi Chæronensis quæ extant Opera, *104 .*
gr. et lat. *Excud. H. Stephanus,* 1572, 13 *vol.*
in-8. m. r.

900. Diogenis Laertii de vitis philosophorum *6 - - 5 -*
lib. x, gr. et lat. *Excud. H. Stephanus,* 1570,
in-8. v. b.

901. Les vies des plus illustres philosophes de *6 - 50 .*
l'antiquité, trad. du grec de Diogène Laërce.
Paris, 1796, 2 *vol. in-8. bas.*

902. Corn. Nepotis vitæ excellentium imperato- *29 .*
rum, cum not. var. *Lugd. Bat.* 1667, *in-8. m.*
r. dent.

903. Iconografia, cioè disegni d'imagini de' fa- *5 - 5 .*
mosissimi monarchi, regi, filosofi, etc. da G.
A. Canini. *In Roma,* 1669, *in-fol. fig. m. r.*

904. Iconographie ancienne, ou recueil des por- *56 - 50 .*
traits des empereurs, etc. iconographie grecque,
par E. Q. Visconti. *Paris, P. Didot,* 1811, 3 *vol.*
in-4. et atlas in-fol. cart.

905. Iconographie romaine, par MM. Visconti et *55 - 50 .*
Mongez. *Paris, P. Didot,* 1817, *les trois premiers*
volumes in-4. et atlas in-fol. cart.

906. Notice sur la courtisane Sapho, par Allier de *2 - 10 .*
Hauteroche. *Paris,* 1822, *in-8. fig. br.*

907. Historici, chronologici et geographi cele- *4 - 60 .*
bri, studio M. Zeilleri. *Ulmæ,* 1652, *in-12. vél.*
= N. C. F. de Peiresc vita, per P. Gassendum.
1706, 2 *part. en* 1 *vol. in-12. vél.*

908. Histoire littéraire des Troubadours, par l'abbé *102 .*

F iv

Millot. *Paris,* 1774, 3 *vol. in-*12. *encadrés de format in-*4. *v. éc. dorés sur tranche.*

Exemplaire très curieux, dans lequel on a inséré 190 miniatures peintes sur Vélin, et collées sur du papier ; elles sont toutes comme les lettres initiales, de 1 à 2 pouces de grandeur.

Nous copions ici la note que M. Gossellin a écrite et signée en tête du tome 1er :

« Les 190 miniatures contenues dans ces trois volumes, ont été copiées sur les manuscrits du Roi et sur ceux du Vatican, pour M. de la Curne de Sainte-Palaye, neveu de madame Marie-Geneviève-Charlotte d'Arlus, veuve de M. Louis-Lazare Tiroux-d'Arconville (Thiroux,) président au parlement de Paris.

« Madame d'Arconville, à qui M. de Sainte-Palaye avait donné ces trois volumes, me les a légués par son testament.

« J'ai perdu cette excellente amie le 23 décembre 1805, âgée de 85 ans. »

909. Recueil de 52 notices biographiques, in-8. br. dont : Notices sur Anquetil Duperron, Choiseul Gouffier et d'Ansse de Villoison, par M. Dacier ; = sur Eckhel, par Millin ; = sur l'abbé Barthélemy, par M. de Boufflers ; = sur Ant. Arnauld, P. Nicole, etc. par Lanjuinais, etc.

910. La vie de Christophe-Colomb, et la découverte qu'il a faite des Indes occidentales, par Fernand Colomb, trad. en franç. *Paris,* 1681, 2 *vol. in-*12. *v. b.* = De vero novi orbis inventore dissert. historico-critica, auct. J. F. Stuvenio. *Francof. ad Mœn.* 1714, *in-*12. *cart.*

911. Histoire de la vie et des ouvrages de J. de la Fontaine, par C. A. Walckenaer. *Paris,* 1824, *in-*8. *fig. dem. rel.*

912. Mémoires sur Voltaire, par Longchamp et Wagnière. *Paris,* 1826, 2 *vol. in-*8. *dem. rel.*

913. Notice des ouvrages de d'Anville, (par Barbié du Bocage,) précédée de son éloge, (par M. Dacier.) *Paris,* 1802, *in-*8. *br.*

914. Notice sur J. F. P. Fauris Saint-Vincens, (par son fils.) *Aix, an* VIII, (1800.) = Médailles de Marseille, et mémoire sur une urne sépul-

909. luf. cheap.

910. Ric. az$^+$
    afh. az$^+$
    van. az$\pm$ y

Sommelier

1 Dem.

Deux Exemplaires.

guillemot _

913. gre. h$^+$

914. gre. h$^+$

porquet.

p.

p.

bonnefons.

4. pos. x^+

5. wei. ash. y^c

7. wei.

chrale, etc. (par J. F. P. Fauris Saint-Vincens.)
Aix, in-4. fig. br.
915. Biographie des hommes vivans. *Paris, Mi-*
chaud, 1816, 5 *vol. in-8. dem. rel.*
916. C. Æliani Sophistæ varia historia, gr. et lat.
cum not. var. edente J. Perizonio. *Lugd. Bat.*
1701, 2 *vol. in-8. vél.*

SUPPLÉMENT.

THÉOLOGIE.

1. La sainte Bible. *Amst.* 1770. == Les Pseaumes
de David, mis en vers, avec la musique. *La*
Haye, 1762, 3 *tom. en 2 vol. in-12. v. éc.*
2. Les Psaumes de David à quatre parties, avec les
cantiques sacrés. *Lausanne,* 1777, *in-12. mout.*
v. dent.
3. Specimen lectionum sacri textus et chaldaica
Estheris additamenta, cum lat. versione et not.
edid. J. B. de Rossi. *Romæ,* 1782, *in-8. dem. rel.*
dos de m. r. non rogné.
4. Daniel secundum septuaginta ex tetraplis Ori-
genis, ed. C. Segaar. *Traj. ad Rhenum,* 1775,
in-8. dem. rel. dos de m. r. non rogné.
5. Aristeæ historia LXXII interpretum, gr. et lat.
accessere veterum testimonia de eorum versione.
Oxon. e Theat. Sheldon. 1692, *in-8. v. b.*
6. Lettre à un amy où l'on rend compte d'un livre
qui a pour titre : Histoire critique du Vieux-
Testament. *Amst. D. Elsevier,* 1679, *pet. in-8. v. b.*
7. Physiologus Syrus, seu historia animalium in
S. S. memoratorum, syriace et lat. ed. O. G.
Tychsen. *Rostochii,* 1795, *pet. in-8. v. éc.*

8. Heures à l'usaige de Rouen. *Paris; Simon Vostre,* (1508,) *pet. in-4. goth. v. b. fig. en bois.*

9. Philonis Judæi Opera omnia, gr. et lat. ed. A. F. Pfeiffer. *Erlangæ,* 1785, 5 *vol. in-8. dem. rel. dos de m. r. non rogné.*

10. Ejusdem de Cophini festo et de colendis parentibus, gr. et lat. ed. A. Maio. *Mediolani,* 1818. = Virgilii Maronis interpretes veteres, ed. eodem. *Mediolani,* 1818, *in-8. dem. rel. dos de m. r. non rogné.*

11. S. Clementis Romani ad Corinthios epistolæ duæ, gr. et lat. cum not. var. ed. H. Wotton. *Cantab.* 1718, *in-8. v. b. dent.*

12. S. Ignatii, Antiochensis episc. epistolæ septem genuinæ, quas collegit S. Polycarpus, suæ que ad Philippenses epistolæ subjecit, gr. et lat. ed. C. Aldrich. *Oxonii,* 1708, *in-8. v. b.*
Edition tirée à 100 exemplaires.

13. S. Justini apologia prima pro christianis, gr. et lat. ed. J. A. Grabe. *Oxoniæ,* 1700, *in-8. v. b.*

14. Ejusdem apologia secunda pro christianis, etc. gr et lat. cum not. var. ed. H. Hutchin. *Oxon. e Theat. Sheldon.* 1703, *in-8. dem. rel. dos de m. r. non rogné.*

15. Ejusdem cum Tryphone Judæo dialogus, gr. et lat. cum not. var. ed. S. Jebb. *Londini,* 1719, *in-8. v. b. dent.*

16. Tatiani oratio ad græcos, Hermiæ irrisio gentilium philosophorum, gr. et lat. cum not. var. ed. W. Worth. *Oxon. e Theat. Sheldon.* 1700, *in-8. m. bl.*

17. S. Athenagoræ legatio pro christianis, et de resurrectione mortuorum, gr. et lat. cum not. var, cura et studio E. Dechair. *Oxon. e Theat. Sheldon.* 1706, *in-8. vél.*

18. Hermiæ philos. gentilium philosophorum ir-

Simonet.

Schaubeck

moore

un peu piqué dans la marge   11. Wei. Let.

12. Wei. pos. pz

13. Roch.

moore   un feuillet dechiré.   14. Let. Roch.

15. Let. afh. mt-

Crozet.

pour vb-amt   16. Roch.

Descoustieres.

17. Wei. Roch.

18. Let.

20. ash. p+ Roch. *
21. ash. p+ Roch. *

                                                    moore

23. Roch. *
24. Let. ambr. Roch. *   Decourtère

                                                    Cavilian geury

26. Roch. ●
27. ash. p+ Roch.   now x   Schonbeck

                                                    Cavilian geury

                                                    moore

30. ash. m+   idem

31. ash. at -10c.

risio, gr. cum not. var. ed. J. C. Dommerich. *Halæ*, 1764, *in-8. v. f.*

19. S. Irenæi episc. fragmenta anecdota, gr. et lat. ed. C. M. Pfaffio. *Hagæ Comit.* 1715, *in-8. vél.*

20. M. Minucii Felicis Octavius, cum not. var. ex recens. J. Gronovii. *Rotterod.* 1743, *in-8. vél.*

21. Q. S. F. Tertuliani apologeticus, cum not. var. studio S. Havercampi. *Lugd. Bat.* 1718, *in-8. vél.*

22. Ejusdem satyra de Pallio, cum not. T. Marcilii. *Paris.* 1614, *pet. in-8. vél.*

23. Ejusdem liber de Pallio, ex recens. C. Salmasii. *Lugd. Bat.* 1656, *in-8. vél.*

24. Arnobii Afri disputationes adversus gentes, cum not. var. ed. J. C. Orellio. *Lips.* 1816, 2 *vol. in-8. dem. rel. dos de m. r. non rogné.*

25. L. C. Lactantii Firmiani Opera quæ extant, cum not. var. opera et studio S. Gallæi. *Lugd. Bat.* 1660, *in-8. v. b.*

26. Ejusdem epitome divinarum institutionum, ed. J. Davisio. *Cantab.* 1718, *pet. in-8. v. j.*

27. Idem, de mortibus persecutorum, cum not. var. ex recens. P. Bauldri. *Traj. ad Rhen.* 1692, *in-8. vél.*

28. S. Cæsarii episcopi Arelatensis homiliæ xiv, S. Balusius nunc primum edidit. *Paris.* 1669, *in-8. v. b.*

29. S. Damasi Papæ Opera, cum not. M. Milesii Sarazanii. *Paris.* 1672, *in-8. dem. rel.*

30. B. Gregorii Nysseni epistola, gr. et lat. cum not. edid. I. Casaubonus. *Lutet. R. Stephanus*, 1606, *pet. in-8. vèl.*

31. S. Epiphanii physiologus, gr. et lat. ed. C. Ponce de Leon. *Antuerp. C. Plantin.* 1588, *pet. in-8. fig. vél.*

32. Novæ ex Joanne Chrysostomo eclogæ lii, gr. studio C. F. de Matthæi. *Mosquæ,* 1807, *in-8. v. r.*

33. S. Hieronymi epistolæ. *Venetiis, And. de To-resanis de Asula,* 1488, 2 *vol. in-fol. v. f.*

34. D. Paulini Opera, cum not. var. *Antuerp. Plantin.* 1622, *in-8. m. bl. dent.*

35. B. Theodoreti interpretationes psalmorum, et epistolarum S. Pauli apostoli, gr. et lat. ed. J. L. Schulze. *Halæ,* 1769, 2 *vol. gr. in-8. dem. rel. dos de m. r. non rogné.*

36. Sanctorum Prosperi et Honorati Opera, ed. J. Salinas. *Romæ,* 1732, *in·8. vél.*

37. M. F. Ennodii episc. Ticinensis Opera, ed. J. Sirmondo. *Paris.* 1611, *in-8. v. b.*

38. Theodulfi episc. Opera, cura et studio J. Sirmondi. *Paris.* 1646, *in-8. dem. rel.*

39. S. Agobardi archiepisc. Lugdun. Opera, cum not. edid. S. Baluzius. *Paris.* 1666, 2 *vol. in-8. v. b.*

40. Traité des restitutions des grands, précédé d'une lettre touchant quelques points de la morale chrétienne, (par C. Joly.) 1665, (*Holl. Elzevier,*) *à la Sphère, in-12. v. b.*

41. Pensées de Pascal, avec un discours sur ces pensées, (par Filleau de la Chaise.) *Amst. A. Wolfganck,* (*Elzevier,*) 1677, *in-12. v. m.*

42. Le livre de consolations contre toutes tribulations. *Lyon, Barnabé Chaussard,* 1532. = Practique ou pronostication a tousjours durant, translatée de latin en françois. *Lyon, veuve de Cl. Nourry,* 1534, *in-4. goth. non relié.*

43. P. D. Huetii demonstratio evangelica. *Paris.* 1679, *in-fol. v. b.*

44. Les et cætera de Duplessis, parsemez de leurs quiproquo, sur les points de la S. Messe, (par le P. de Bordes.) *Tolose,* 1600, *pet. in-8. v. uni. dent.*

45. Le Ciel réformé. Essai de traduction du livre italien, Spaccio della bestia trionfante, (de G... Bruno Nolano.) 1750, *in-12. v. f.*

porguet. ~~Crozet.~~   revcu du imparfait d'un feuillet, et ajouté un vel-infol
                              imparfait des actes des apotres en grec.

    Canlian gceuvy

    Moore   34. gre. e+

    Decourtiere

    Canlian gouvy   36. gre. p+

    idem

    idem   39. gre. x+

    p.

porguet.

Coubard

Schaubeck

p·

p·

Coubard

mouillé

idem

piqué des vers

mouro

coubard

idem

JURISPRUDENCE.

46. A. Corvini jus canonicum. *Amst. ex offic. Elzevir.* 1663, *pet. in-12. v. b.*   2 - 55.

47. H. Grotii de jure belli ac pacis libri tres, cum not. var. *Amst.* 1712, *in-8. v. b.*

48. S. Pufendorfii de officio hominis et civis libri duo, cum not. var. *Lugd. Bat.* 1769, 2 *vol. in-8. bas.*   5 - 5.

49. De origine et progressu juris civilis romani auctores et fragmenta, cum not. var. ed. S. Leewio. *Lugd. Bat.* 1671, *in-8. vél.*   3 - 60.

50. Justiniani institutiones, cura et studio A. Vinnii. *Amst. L. Elzevir.* 1652, *pet. in-12. v. éc.*   2 -

51. Institutiones D. Justiniani, typis variæ; rubris nucleum exhibentibus. *Amst. D. Elzevirius,* 1676, *in-18. v. b.*   2 -

52. A. Perezii institutiones imperiales. *Amst. L. Elzevirius,* 1652, *in-12. dem. rel.*

53. Traité des délits et des peines, par Beccaria, avec les notes de Morellet, trad. en grec vulgaire. *Paris,* 1823, *in-8. br.*   1 - 20

54. Dictionnaire de l'ancien régime et des abus féodaux. *Paris,* 1820, *in-8. cart.*   3 - 60.

55. Le grand coustumier du pays et comté du Maine, par Guillaume le Rouille. *Paris, François Regnault,* 1535, *in-fol. goth. v. b.*

56. Observations des commissions consultatives sur le projet de Code rural, recueillies par M. de Verneilh. *Paris, Impr. Imp.* 1810, 2 *vol. in-4. br. en cart.*   2 -

57. Code progressif de la presse et autres moyens de publication, par A. Decourdemanche. *Paris,* 1828, *in-8. br.* = Du danger de prêter sur hy-   1 - 50.

pothèque et d'acquérir des immeubles, par le même. *Paris*, 1829, *in-8. br.*

58. Traité de la législation des théâtres, par Vivien et E. Blanc. *Paris*, 1830, *in-8. br.*

59. De l'humanité dans les lois criminelles, et de la jurisprudence sur quelques unes des questions que ces lois font naître, par de Molènes. *Paris*, 1830, *in-8. br.*

60. Compte général de l'administration de la justice criminelle en France, pendant l'année 1826. *Paris, Impr. R.* 1827, *in-4. br.*

SCIENCES ET ARTS.

Philosophes anciens et modernes, etc.

61. Hieroclis in aurea carmina commentarius, gr. et lat. cum not. var. *Londini*, 1742, *in-8. v. b.*

62. Ocellus Lucanus de rerum natura, græce, ex recens. et cum comment. A. F. G. Rudolph. *Lips.* 1801, *in-8. v. éc.*

63. Æschinis Socratici dialogi tres, gr. et lat. cum not. J. Clerici. *Amst.* 1711, *in-8. bas.*

64. Platonis dialogi v, gr. et lat. ex recens. et cum not. N. Forster. *Oxonii, e Typ. Clarend.* 1752, *in-8. v. f. Ch. Mag.*

65. Platonis dialogi iii, gr. et lat. opera et studio G. Etwall. *Oxon. e Typogr. Clarend.* 1771, *in-8. v. r.*

66. Platonis de rebus divinis dialogi selecti, gr. et lat. *Cantab.* 1683, *in-8. v. b.*

67. Platonis Euthydemus et Gorgias, gr. et lat. recens. et notas adjecit M. J. Routh. *Oxon. e Typogr. Clarend.* 1784, *gr. in-8. v. r.*

68. Parmenides, sive de ideis et uno rerum omnium principio Platonis dialogus, gr. et lat. ed. J. G. Thomson. *Oxonii*, 1728, *in-8. v. f.*

Jamet

p.

Schaubeck
idem
idem
Labitte

Moore

Labitte

Decourtieux

Gr. Cons. m

70. Rod.   Schaubeck

                                           moore

72. Wei.

                                           Labitte

                                           moore

                                           Schaubeck
76. cons. i⁺ Roch. ★   moore

77. cons. i⁺

78. cons. p⁺ inf.

                                           Labitte
80. Wei. Rod.

81. Rod.

69. Platonis Phædo, gr. et lat. cum comment. *2 - 55.*
J. H. Winkeri. *Lips.* 1744, *pet. in-8. v. b.*

70. Platonis Phædon, gr. ed. D. Wyttenbach. *7 - 5 ♂*
Lugd. Bat. 1810, *in-8. dem. rel. dos de cuir de
Russie.*

71. Platonis de republica lib. ix, gr. et lat. cum *8 - 5.*
not. edid. E. Massey. *Cantab.* 1713, 2 *vol. in-8.
v. m.*

72. Chrestomathia Platoniana, gr. et lat. ed. F. C. *4 - 50 ♂*
Muller. *Turici,* 1756, *in-8. bas.*

73. Timæi Sophistæ lexicon vocum platonicarum, *4 - 85.*
græce, edid. D. Ruhnkenius. *Lugd. Bat.* 1789,
in-8. vél.

74. Aristotelis de virtutibus et vitiis libellus; *5 - 80.*
Pletho de virtutibus, gr. et lat. recens. E. Faw-
coner. *Oxon. e Theat. Sheldon.* 1752, *pet. in-8.
v. m.*

75. Aristotelis ethica, gr. et lat. ed. G. Wilkinson. *4 - 60.*
Oxon. e Theat. Sheldon. 1716, *in-8. v. b. dent.*

76. Ejusdem politica, gr. et lat. ed. J. G. Schnei- *15 - 20.*
der. *Francof. .ad Viad.* 1809, 2 *tom. en* 1 *vol.
in-8. dem. rel. dos de m. r. hon rogné.*

77. Ejusdem quæstiones mechanicæ, gr. et lat. *6 - ♂*
recens. J. P. van Capelle. *Amst.* 1812, *in-8. dem.
rel. dos de m. r. Pap. Vél.*

78. Alexander Aphrod. ad imperatores de fato et *7 - 5 ♂*
de eo quod nostræ potestatis est, gr. et lat.
Londini, 1658, *pet. in-8. v. f.*

79. Maximi Tyrii dissertationes, gr. et lat. cum *6 -*
notis J. Davisii. *Cantab.* 1703, *in-8. bas.*

80. Plotini liber de pulchritudine, gr. et lat. cum *12 - 95 ♂*
not. var. ed. F. Creuzer. *Heibelbergæ,* 1814,
in-8. v. r.

81. Porphyrii Philosophi ad Marcellam, græce, *8 - 50 ♂*
invenit, interpretatione notisque declaravit A.
Maius. *Mediolani,* 1816, *gr. in-8. dem. rel. dos
de m. r. non rogné.*

82. Posidonii Rhodii reliquiæ doctrinæ, gr. et lat. collegit et illustr. J. Bake. *Lugd. Bat.* 1810, *in*-8. *v. f.*

83. Simonis Socratici dialogi iv, gr. recens. A. Boeckhius. *Heidelb.* 1810, *in*-8. *dem. rel. dos de m. r. non rogné.*

84. L. A. Senecæ Opera, cum not. var. curante J. F. Gronovio. *Amst. D. Elzevir.* 1672, 3 *vol. in*-8. *v. j.*

85. L. A. Senecæ Philosophi flores, sive sententiæ insigniores, excerptæ per D. Erasmum. *Amst. L. Elzevirius,* 1642, *in*-12. *vél.*

86. A. M. S. Boethii consolationis philosophiæ lib. v, cum not. var. *Lugd. Bat.* 1671, *in*-8. *vél.*

Morale.

87. Cebetis tabula, gr. et lat. ex recens. J. Gronovii. *Amst.* 1689, *pet. in*-8. *vél.*

88. Theophrasti characteres ethici, gr. et lat. cum not. var. ed. P. Needham. *Cantab.* 1712, *in*-8. *bas.*

89. Epicteti enchiridion, una cum Cebetis tabula, gr. et lat. cum not. var. ex recens. A. Berkelii. *Lugd. Bat.* 1670, *in*-8. *bas.*

90. Andronici Rhodii ethicorum Nichomacheorum paraphrasis, gr. et lat. ed. D. Heinsio. *Cantab.* 1679, *in*-8. *bas.*

91. Plutarchi liber de sera numinis vindicta, gr. et lat. ed. D. Wyttenbach. *Lugd. Bat.* 1772, *in*-8. *dem. rel. dos de m. r. non rogné.*

92. Plutarchi libellus de discrimine amici et adulatoris, gr. ed. C. A. Krigel. *Lipsiæ,* 1775, *in*-12. *br. en cart.*

93. Plutarchi de physicis philosophorum decretis lib. v, græce, cum not. C. D. Beckii. *Lips.* 1787, *in*-12. *dem. rel. dos de m. r. non rogné.*

94. Marci Antonini imperatoris eorum quæ ad

Crozet.

Labitte

82. Kop. h+ C.

83. wei, ellel.

84. Luc. ix+

85. ambr.

86. cons. m+

Ichaubeck

Labitte

Moore

Idem

Ichaubeck
barrau ainé

nous v.6. az.

nous vl. R

88. ambr,

89. ambr,

90. cons. m+

93. cons. m+

95. fra.

97. wei. cous. m.t

104. ins.

p.

Tchanbeck

p.

p.

Barrois ainé.

p.

giroud.

truchy

seipsum lib. XII, gr. |et lat. recogniti et not. illustrati. *Oxon. e Theat. Sheldon.* 1704, *in-8. vél.*

95. F. Baconi de Verulamio sermones fideles ethici, etc. *Amst. ex offic. Elzeviriana*, 1662, *in-12. v. b.*

96. J. Jonstoni enchiridion ethicum. *Lugd. Bat. ex offic. Elzevir.* 1634. = Corona virtutum principe dignarum. *Ibid.* 1634, *in-32. vél.*

97. Demetrii Cydonii opusculum de contemnenda morte, gr. et lat. recens. C. T. Kuinoel. *Lips.* 1786, *in-8. v. éc. dent.*

98. Essai sur l'homme, ou accord de la philosophie et de la religion, par E. Alletz. *Paris,* 1829, 2 *vol. in-8. br.*

99. Des mœurs, des lois et des abus, précédés de la vie de M. de Montyon, par Alissan de Chazet. *Paris,* 1829, *in-8. br. Pap. Vél.*

100. Observations morales, critiques et politiques, par A. Destailleur. *Paris,* 1830, *in-8. br. Pap. Vél.*

Politique, etc.

101. Institutio politica, C. C. Taciti verbis, opera P. de Ivanicze Ivanicki. *Lugd. Bat.* 1648, *in-12. v. éc.*

102. H. Cardani arcana politica, seu de prudentia civili liber. *Lugd. Bat. ex offic. Elzeviriana,* 1635, *in-18. vél.*

103. Pietra del paragone politico, di Trajano Boccalini. *Cosmopoli,* 1640, *in-32. vél.*

104. Cyriaci Lentuli Augustus, seu de convertenda in monarchiam republica. *Amst. L. Elzevirius,* 1645, *in-12. v. b.*

105. R. H. Schelii de jure imperii liber, ed. T. Hogersio. *Amst. D. Elzevirius,* 1671. = F. T. Campanellæ civitas solis poetica. *Ultraj.* 1643, *in-12. vél.*

106. Le Visioni politiche sopra gli interessi di

tutti principi e republiche della christianita.
Germania, 1671, *in-*12. *v. b.*

107. Institutiones aulicæ, ab E. Meisnero. *Amst.
L. Elzevirius,* 1642, *in-*32. *dem. rel. dos de m. r.*

108. Aùlicus inculpatus, ex gallico traductus, a
J. Pastorio. *Amst. L. Elzevirius,* 1644, *in-*32. *vél.*
Le bas du frontispice coupé.

109. Le Ministre d'état, par de Silhon. *Jouxte la
copie imprimée à Paris,* 1648, *avec la sphère,
in-*12. *vél.*

110. Le parfait ambassadeur, trad. de l'espagnol
par Lancelot. *Jouxte la copie impr. à Paris,
(Hollande,) à la sphère,* 1642, *pet. in-*12. *vél.*

111. Procès-verbal des séances de l'assemblée pro-
vinciale des duchés de Lorraine et de Bar, ou-
verte à Nancy en 1787. *Nancy,* 1788, *in-*4. *bas.*

112. Comptes rendus par les ministres, pour les
dépenses arrêtées et les ordonnances délivrées
sur les crédits des budgets, au 31 décembre
1822. *Paris, Imp. Roy.* 1823, *in-*4. *br.*

113. Compte général de l'administration des finances pour l'année 1828, et compte pour la
même année de l'inscription des pensions militaires. *Paris, Imp. Roy.* 1829, 2 *vol. in-*4. *br.*

114. Etats détaillés des liquidations faites par la
commission d'indemnité, en exécution de la loi
d'avril 1825. *Paris, Imp. Roy.* 1828, *les part.* 1,
3 *et* 4, 3 *vol. in-*4. *br.*

115. Etat détaillé des liquidations opérées à l'époque du 1ᵉʳ janvier 1829, pour l'indemnité des
anciens colons de Saint-Domingue. *Paris, Impr.
Roy.* 1829, *in-*4. *br.*

116. Annuaire du budget, par Roch. *Paris,* 1830,
2 *vol. in-*8. *br.*

117. Rapport sur les produits de l'industrie française, par MM. Héricart de Thury et Migneron.

Barrois ainé.

meilhac

Bonnefoi.

p.

guilbert

11y. Yan.

119. Yan - p^t - y

p.

Carilian gaury

121. Mel.

122. Cous. a^t

giroad.

123. Luc. hz^t cor. ash. ae^t

giroad

Schanbeck

guilbert.

Labitte

Labitte

Schanbeck

p.

128. ash. ai^t

Paris, Impr. Roy. 1828, *in-8. br.* = Enquête sur les sucres. *Paris, Impr. Roy.* 1829, *in-4. br.*

118. Almanach du commerce de Paris. 1806, *in-8. m. vert. dent.* = Le même. 1814, *in-8. m. r. dent. aux armes impér. Pap. Vél.*

Métaphysique, etc.

119. De viribus imaginationis, aut. T. Fieno. *Lugd. Bat. ex offic. Elzevir.* 1635, *in-32. vél.*

120. Nemesii de natura hominis liber, gr. et lat. *Oxonii,* 1671, *in-8. vél.*

121. M. Pselli de operatione dæmonum dialogus, gr. et lat. ed. G. Gaulmino. *Lutet. Paris.* 1615, *pet. in-8. v. f.*

122. Disputatio de finito et infinito, in qua defenditur sententia Cartesii de motu, spatio et corpore, (auct. L. Velthuysen.) *Amst. L. Elzevirius,* 1651, *in-12. v. uni. dent.*

Histoire naturelle, etc.

123. C. Plinii Secundi naturalis historiæ libri, cum not. var. *Lugd. Bat.* 1669, 3 *vol. in-8. vél.*

124. Ejusdem hist. nat. liber nonus de aquatilium natura, recens. L. T. Gronovius. *Lugd. Bat.* 1778, *in-8. v. éc.*

125. Cleomedis circularis doctrinæ de sublimibus libri duo, gr. et lat. ex recens. et cum not. J. Bake. *Lugd. Bat.* 1820, *in-8. br.*

126. Cours élémentaire de géognosie, par Rozet. *Paris,* 1830, *in-8. br.*

127. Geoponicorum sive de re rustica libri xx, gr. et lat. ed. P. Needham. *Cantabrigiæ,* 1704, *in-8. v. b.*

128. Scriptores rei rusticæ veteres latini, cum not. var. ed. J. G. Schneider. *Lips.* 1794, 7 *vol. in-8. dem. rel. dos de m. r. non rogné.*

129. Mémoires d'agriculture, d'économie rurale

et domestique, publiés par la société royale d'agriculture, année 1791. *Paris,* 4 *vol. in-8. br. et des vol. des années* 1789 *et* 1790.

130. Instruction pour les jardins fruitiers et potagers, par de la Quintinye. *Paris,* 1756, 2 *vol. in-4. fig. v. m.*

131. A. Spigelii isagoge in rem herbariam. *Lugd. Bat. ex offic. Elzevir.* 1633, *in-32. vél.*

132. Essai sur les phénomènes de la végétation, par Feburier. *Paris,* 1812, *in-8. br.*

133. Æliani de natura animalium lib. xvii, gr. et lat. cum not. J. G. Schneider. *Lips.* 1784, 1 *tome en* 3 *vol. in-8. dem. rel.*

134. Histoire naturelle des deux éléphans mâle et femelle du Muséum de Paris, par J. P. L. L. Houel. *Paris,* 1803, *in-4. fig. cart.*

135. Palæphatus de incredibilibus, gr. recens. J. F. Fischerus. *Lips.* 1789, *in-8. vél.*

136. Phlegontis Tralliani opuscula, gr. et lat. cum not. var. ed. J. G. F. Franzio. *Halæ Magdeb.* 1775, *in-12. v. porph. dent.*

137. Apollonii Dyscoli historiæ commentitiæ liber, sive historiæ memorabiles, gr. et lat. cum not. var. et ex emendat. L. H. Teucheri. *Lips.* 1792, *in-8. dem. rel. dos de m. r. non rogné.*

138. Julii Obsequentis quæ supersunt de prodigiis, cum animadvers. J. Schefferi, curante F. Oudendorpio. *Lugd. Bat.* 1720, *in-8. v. b.*

Médecine, etc.

139. Histoire de la médecine, depuis Galien jusqu'au seizième siècle, trad. de l'angl. de J. Freind. *Paris,* 1728, *in-4. v. j.*

140. Hippocratis Coi Opera omnia, gr. et lat. studio J. A. Vander Linden. *Lugd. Bat.* 1665, 2 *vol. in-8. vél.*

141. Idem opus, ex eadem editione. 2 *vol. in-8. vél.*

p

m^c huzard

p.

cretaine

moore   135. Roch. ✳

                                               136. Lec. i^t

moore   137. Roch.

m^c huzard

                                               138. ash. p^t Roch

coubard   De chez Coulon

                                               140 ou 141. pag.

m^lle Bodot.   avec des taches et des feuillets
                      raccommodés.

144. wei.

149. wei.

150. ash. a⁺-y

152. fra.

153. Rod.

154. Kop. p⁺ inf.

moore

iden

iden

Ichanbeck

Malafait.

Coubard

moore

Mᶜ huzard

meilhac

moore

p.

142. Erotiani, Galeni et Herodoti glossaria in Hippocratem, gr. et lat. ed. J. G. F. Franzio. *Lipsiæ*, 1780, *in-8. v. éc.*   9-95.

143. Galeni adhortatio ad artes, gr. et lat. ed. A. Willet. *Lugd. Bat.* 1812, *in-8. v. f. non rogné. Pap. de Hollande.*   6-80.

144. Palladii de febribus synopsis, gr. et lat. ed. J. S. Bernard. *Lugd. Bat.* 1745, *in-8. v. f.*   6-95.

145. Synesius de febribus, gr. et lat. edid. et not. illustravit J. S. Bernard. *Amst.* 1749, *in-8. v. j.*   7-95.

146. Demetrii Pepagomeni liber de podagra, gr. et lat. cum not. J. S. Bernard. *Lugd. Bat.* 1743, *in-8. dem. rel. dos de m. r. non rogné.*   3-95.

147. Moschionis de mulierum passionibus liber, gr. et lat. ed. F. O. Dewez. *Viennæ*, 1793, *in-8. dem. rel. dos de m. r. non rogné.*   6-95.

148. Actuarii de spiritu animali libri duo, gr. cum varietate lectionis edid. J. F. Fischerus. *Lips.* 1774, *in-8. vél.*   3.

149. Psellus de lapidum virtutibus, gr. et lat. cum not. P. J. Maussaci et J. S. Bernard. *Lugd. Bat.* 1745, *in-8. bas.*   3. 10.

150. A. C. Celsi de medicina lib. viii, cum not. var. cura et studio T. J. ab. Almeloveen. *Amst.* 1713, *in-12. v. f.*   2-60.

151. Xenocratis de aquatilium esu liber, gr. et lat. cum not. var. ed. J. G. F. Franzio. *Lips.* 1774, *pet. in-8. cart.*   6. 50.

152. Apicii Cœlii de opsoniis et condimentis lib. x, cum not. var. *Amst.* 1709, *pet. in-8. vél. dent.*   10-95

153. Recherches sur les substances nutritives des os, par d'Arcet. *Paris*, 1829, *in-8. fig. br.*   2-50

154. Anonymi introductio anatomica, gr. et lat. item Hypatus de partibus corporis, gr. et lat. cum notis D. W. Trilleri. *Lugd. Bat.* 1744, *in-8. dem. rel. dos de m. r. non rogné.*   4-50

155. J. Beverovicii de calculo renum et vesicæ   1.

liber. *Lugd. Bat. Elzevirii*, 1638. = Ejusd. exer-
citatio in Hippocratis aphorismum de calculo.
Ibid. 1641, *in-12. vél.*

156. Journal complémentaire du dictionnaire des
sciences médicales.. *Les numéros* 72, 101 *à* 137,
in-8. br.

157. Résumé des comptes moraux et administra-
tifs des hôpitaux et hospices de Paris, pour les
années 1819, 1821, 1822, 1823 et 1827. *Paris*,
1820 *et suiv. 5 vol. in-4. br.*

158. Annuaire médico-chirurgical des hôpitaux et
hospices civils de Paris. *Paris*, 1819, *in-4. br. le
tome* 1er.

Mathématiques, etc.

159. Euclidis elementa, ed. J. H. van Lom. *Amst.*
1738, *in-8. fig. vél.*

160. Eratosthenis catasterismi, gr. et lat. ed. J. C.
Schaubach. *Gottingæ*, 1795, *in-8. v. r.*

161. Procli Diadochi paraphrasis in Ptolemæum
de siderum effectionibus, gr. et lat. ed. L. Allatio.
Lugd. Bat. Elzevir. 1635, *pet. in-8. v. f.*

162. J. L. Lydi opusculum de mensibus, gr. edente
N. Schow. *Lips.* 1794, *in-8. v. porph. dent.*

163. Censorini liber de die natali, cum not. var.
ex recens. S. Havercampi. *Lugd. Bat.* 1767, *in-8.
v. éc.*

164. Artemidori oneirocritica, gr. ex recens. et
cum not. J. J. Reiskii, ed. J. G. Reiff. *Lips.* 1805,
2 *vol. in-8. v. r.*

165. Scriptores physiognomoniæ veteres, gr. et
lat. cum not. var. ed. J. G. F. Franzio. *Altenburgi*, 1780, *in-8. cuir de Russie. dent.*

166. Devis général du canal Saint-Martin, par P.
S. Girard. *Paris*, 1820, *in-4. fig. br.*

167. Antiquæ musicæ auctores septem, gr. et lat.

Mᶜ huzard   156. ius. verif.

Crétaine

Moore   159. fra.
Carilian gœury   160 Wei. h^t
                                             161. ius.
idem

Labitte

                                             163. ash. it

Moore   164. ius.

Carilian gœury
Labitte

                                             167. ash. ant=y

171. arh. p^t   Simonet.

                                              jamet.

                                              Labitte

172 mac.   idem

173 mac.

              ajouté 2 vol. du ministre d'État vol. Colal
                    en vélin

                                              p.

                                              Simonet

174. gu.   gab. ware
178. fra.

ed. M. Meibomio. *Amst. L. Elzevir.* 1652, 2 *vol. in-4. dem. rel.*

168. Dictionnaire des Arts du dessin, etc. par Boutard. *Paris*, 1826, *in-8. br.*

169. Recueil de fleurons gravés sur bois et en fonte, par Papillon, etc. *In-fol. v. m.*

Art militaire, etc.

170. Veteres de re militari scriptores : Flavius Vegetius, S. J. Frontinus, et alii, cum not. var. *Vesaliæ Clivorum*, 1670, 2 *vol. in-8. v. b.*

171. Arriani ars tactica, et alia Opera, gr. et lat. cum not. var. ex recens. N. Blancardi. *Amst.* 1683, *in-8. fig. bas.*

172. Polyæni strategematum lib. VIII, gr. et lat. cum not. var. ed. P. Maasvicio. *Lugd. Bat.* 1690, *in-8. bas.*

173. S. J. Frontini libri IV strategematicon, cum not. var. cur. F. Oudendorpio. *Lugd. Bat.* 1731, *in-8. vél. dent.*

174. Les Fortifications du comte de Pagan. *Bruxelles, (Hollande,)* 1668, *pet. in-12. fig. dem. rel. dos de m. r.*
Le dernier feuillet est manuscrit.

175. Manuel de cavalerie, à l'usage des cavaliers, brigadiers, etc. *Paris*, 1817, *in-8. v. r. dent. Pap. Vél.*

176. Mémoires sur les campagnes des armées du Rhin et de Rhin-et-Moselle, de 1792 jusqu'à la paix de Campo-Formio, par le maréchal Gouvion Saint-Cyr. *Paris*, 1829, 4 *vol. in-8. br. et atlas in-fol. max. cart.*

177. Mémoires militaires pour servir à l'histoire de la guerre depuis 1792 jusqu'en 1815, par le baron de Crossard. *Paris*, 1829, 6 *vol. in-8. br.*

178. Histoire de la guerre de la Péninsule sous

Napoléon, par le général Foy. *Paris, 1827, 4 vol. in-8. br. et atlas in-8. cart.*

179. Specimen des nouveaux caractères de la fonderie de P. Didot l'aîné. *Paris, 1819, gr. in-8. br. en cart.*

BELLES-LETTRES.

Grammaires et Dictionnaires grecs, etc.

180. Gregorius, Corinthi metropolita, de dialectis, gr. cum not. G. Koen. *Lugd. Bat. 1766, in-8. bas.*

181. S. F. Dresigii commentarius de verbis mediis Novi Testamenti, gr. et lat. cura J. F. Fischeri. *Lips. 1762, in-8. dem. rel. dos de m. r. non rogné.*

182. M. Devarii liber de græcæ linguæ particulis, emend. et notas addidit J. G. Reusmann. *Lips. 1775, in-8. vél.*

183. Ammonius de affinium vocabulorum differentia, græce, ed. C. F. Ammon. *Erlangæ, 1787, in-8. vél.*

184. F. Vigeri de præcipuis græcæ dictionis idiotismis liber, gr. et lat. ed. G. Hermanno. *Lips. 1802, in-8. v. r.*

185. L. Bos ellipses græcæ, cum not. edid. G. H. Schæfer. *Lips. 1808, in-8. dem. rel. dos de m. r. non rogné.*

186. J. Scapulæ lexicon græco-latinum. *Amstel. L. Elzevirius, 1652, in-fol. vél.*

187. Clavis linguæ græcæ, auct. E. Lubino. *Lugd. Bat. 1644, in-12. v. b.*

188. Thomæ Magistri onomasticon atticum, cum not. var. digessit J. S. Bernard. *Lugd. Bat. 1757, in-8. vél.*

Rozanct.   avec un traité de l'orthographe, in 8°.

                                        180. Wei,

moore

                                        182. C.

moore

Labitte

                                        185. pag.

p

                                        188. aph. h+ ma

Labitte

p.

Cauette

p.

193. fra. C.

194 malling.

Schaubeck

idem

moore

idem

Schaubeck

200. wei.

idem

Labitte

189. Mœridis Atticistæ lexicon atticum, cum not. *5. 85.*
    var. edid. J. Piersonus. *Lugd. Bat.* 1759, *in-8. bas.*

190. Manuale græcarum vocum Novi Testamenti, *1.*
    auct. G. Pasore. *Lugd. Bat. ex offic. Elzev.* 1640,
    in-12. vél.

191. Apollonii Sophistæ lexicon græcum Iliadis et *8. 15.*
    Odisseæ, recens. et illustravit H. Tollius. *Lugd.
    Bat.* 1788, *in-8. vél.*

192. M. Terentii Varronis Opera omnia, cum not. *10. 25.*
    var. *Amst.* 1623, *in-8. vél.*

193. Prisciani Grammat. Opera minora, edid. *16. 50 ℛ*
    F. Lindemannus. *Lugd. Bat.* 1818, *in-8. dem. rel.
    dos de m. r. non rogné. Charta Fortiori.*

194. F. Sanctii Minerva, seu de causis linguæ la- *3. 50 ℛ*
    tinæ comment. ed. J. Perizonio. *Amst.* 1754,
    in-8. vél.

195. Dictionarium latino-gallicum, auct. F. Noel. ⎫
    Paris. 1812, *in-8. bas.*   ⎬ *5.*
196. Dictionnaire français-latin, par Lallemant. ⎭
    Paris, 1807, *in-8. bas.*

Rhéteurs grecs, etc.

197. Rhetores selecti : Demetrius Phalereus, etc. *4.*
    gr. et lat. *Oxonii,* 1676, *in-8. vél.*

198. Aristotelis rhetorica, græce, cum not. var. *5.*
    Oxon. 1759, *gr. in-8. v. m.*

199. Demetrii de elocutione liber, græce, cur. *3. 5.*
    J. G. Schneider. *Altenburgi,* 1779, *pet. in-8. dem.
    rel. dos de m. r. non rogné.*

200. Dionysii Halicarnassei de structura orationis *3.*
    liber, gr. et lat. cum not. var. ex recens. J. Upton.
    Londini, 1702, *in-8. vél.*

201. Hermogenis ars oratoria, gr. et lat. cum com- *4. 50.*
    ment. G. Laurentii. *Colon. Allobr.* 1614, *pet.
    in-8. vél.*

202. D. Longini quæ supersunt, gr. et lat. ed. *4.*
    J. Toupius. *Oxonii,* 1778, *in-8. v. f.*

203. Theonis Sophistæ progymnasmata, gr. et lat.
Lugd. Bat. Elzevir. 1626, *in-8. dem. rel. dos de
m. r. non rogné.*

204. Aphthonii Sophistæ progymnasmata, gr. et
lat. *Lugd. Bat.* 1626, *in-8. vél.*

205. Herodiani partitiones, græce, e codd. pari-
sinis edid. J. F. Boissonade. *Londini,* 1819,
in-8. cart. non rogné. Pap. Vél.

206. M. F. Quintiliani institutiones oratoriæ, cum
not. var. *Lugd. Bat.* 1665, 2 *vol. in-8. vél.*

207. P. Rutilii Lupi de figuris sententiarum et
elocutionis libri duo, ed. D. Ruhnkenio. *Lugd.
Bat.* 1768, *in-8. v. f.*

208. G. Beckheri orator extemporaneus, seu ar-
tis oratoriæ breviarium. *Amst. L. Elzevirius,*
1650, *in-12. v. m.*

209. Ars rhetorica, gr. et lat. M. A. Schott. *Lipsiæ,*
1804, *in-8. v. j.*

Orateurs orientaux et grecs.

210. Les séances de Hariri, publiées en arabe,
avec un commentaire choisi, par M. Silvestre
de Sacy. *Paris, Imp. R.* 1822, *in-fol. dem. rel.*

211. Isaei oratio de hereditate Cleonymi, græce,
nunc primum auctior, invent. et interprete
A. Maio. *Mediolani,* 1815. = Themistii philos.
oratio, gr. et lat. ed. A. Maio. *Ibid.* 1816, *in-8.
dem. rel. dos de m. r. non rogné.*

212. Orationes duæ : una Demosthenis contra Mi-
diam, altera Lycurgi contra Leocratem, gr. et
lat. recens. notasque addidit J. Taylor. *Cantab.*
1743, *in-8. dem. rel.*

213. Aristidis oratio adversus Leptinem, Libanii
declamatio pro Socrate, etc. gr. et lat. ed. J. Morellio. *Venetiis,* 1785, *in-8. dem. rel. dos de m. r.
non rogné.*

214. Isocratis Opera, gr. et lat. cum var. lectioni-

Mino de minas.
Iden

p.

moore

Ch-Barras fils.

Moore

Ichanbeck

mino de minal.

203. Mel. inf.

204. inf.

206. Luc. h2+

207. wei. ash. p

210. ash. mit

Moore

P

Crozet.

De courtieres.

218. Mel.

219. Rod.

221. dug. arh. a+-y

Caviette

Minor de minal.

Ichanbeck

224. Luc. az+
225. wei. dug.
226. wei. dug. gail. am+

227. wei. C.

bus, ed. G. Battie. *Londini,* 1749, 2 *vol. in-8. v. b.*

215. Ejusdem oratio de permutatione, græce, ed. ab A. Mustoxido. *Mediolani,* 1813. = Eadem, latine, ab anonymo interprete, cum notis. *Ibid.* 1813, 2 *vol. in-8. dem. rel. dos de m. r. non rogné.*

216. Lysiæ orationes, gr. et lat. ex interpret. et cum notis J. Taylori. *Cantab.* 1740, *in-8. v. b. dent.*

217. Demosthenis et Æschinis Opera, gr. et lat. ed. J. Taylor. *Cantab.* 1769, 2 *vol. in-8. m. r.*

218. Æschinis et Demosthenis orationes, gr. et lat. cum not. var. edid. J. Stock. *Dublinii,* 1769, 2 *vol. in-8. v. f.*

219. Demosthenis selectæ orationes, gr. et lat. cum schol. et notis R. Mounteney. *Londini,* 1764, *in-8. v. f.*

220. Ejusdem orationes philippicæ, gr. et lat. ed. J. Stock. *Dublinii,* 1773, 2 *vol. in-8. v. m.*

221. Ejusdem oratio adversus Leptinem, gr. cum schol. græcis, cura F. A. Wolfii. *Halis Saxon.* 1789, *in-8. v. f.*

222. Ejusdem oratio de pace, græce, cum not. cur. C. D. Beckio. *Lips.* 1799, *pet. in-8. v. f.*

223. Lycurgi contra Leocratem oratio, gr. et lat. cum not. var. ed. J. G. Hauptmann. *Lips.* 1753, *in-8. dem. rel. dos de m. r. non rogné.*

224. Dionis Chrysostomi orationes, gr. ex recens. J. J. Reiske. *Lips.* 1784, 2 *vol. in-8. v. j.*

225. Herodis Attici quæ supersunt, gr. et lat. ed. R. Fiorillo. *Lipsiæ,* 1801, *in-8. m. r. Pap. Vél.*

226. Himerii Sophistæ eclogæ et declamationes, gr. et lat. ex recens. et cum not. G. Wernsdorfii. *Gottingæ,* 1790, *in-8. dem. rel. dos de m. r. non rogné.*

227. Juliani imperatoris in Constantii laudem

oratio, gr. et lat. ed. G. H. Schæffer. *Lipsiæ*,
1802, *in-8. v. f.*

Orateurs latins.

228. Conciones et orationes ex historicis latinis
excerptæ. *Lugd. Bat. ex Typ. Elzevir.* 1649,
in-12. vél.

229. Idem opus. *Amst. L. Elzevirius*, 1653, *in-12. vél.*

230. Panegyrici veteres, cum not. var. curante
W. Jægero. *Norimb.* 1779, 2 *vol. in-8. v. j.*

231. M. T. Ciceronis Opera, cum notis variorum.
25 *tomes en* 28 *vol. in-8.* savoir : Orationes.
Amst. 1699, 6 *tom. en* 9 *vol. v. f.* = Epistolæ ad
familiares. *Amst.* 1677, 2 *vol. vél.* = Epist. ad
Atticum. *Amst.* 1684, 2 *vol. vél.* = De officiis.
1688, 1 *tome en* 2 *vol. v. f.* = Rhetoricorum libri.
Lugd. Bat. 1761, *vél.* = De oratore. *Cantabr.*
1732, *v. b.* = Tusculanæ disput. Davisii. *Cant.*
1738, *v. b.* = De natura deorum. *Cant.*
1744, *v. f.* = De finibus bonorum. *Cant.* 1741,
v. b. = De divinatione. *Cant.* 1730, *v. b.* = Aca-
demica. *Cant.* 1736, *v. f.* = De legibus. *Cant.*
1745, *vél.* = Epistolæ ad Quintum fratrem. *Hag.*
Com. 1725, *v. b.* = Rhetorica et de claris orato-
ribus, ed. J. Proust. *Oxonii*, 1718 *et* 1719,
2 *tom. en* 1 *vol. v. f.* = Ernesti clavis Cicero-
niana. *Halæ*, 1757, *v. j.* = Ciceronianum lexicon
græco-latinum. *Augustæ Taurin.* 1743, *v. j.* =
T. Wopkens lectiones Tullianæ. *Amst.* 1730, *vél.*

232. M. T. Ciceronis Opera, cum delectu commen-
tariorum, studio J. Oliveti. *Paris.* 1740, 9 *vol.*
in-4. v. m.

Il y manque le titre gravé, et le frontispice imprimé a un
nom coupé.

233. Ejusdem orationes quatuor, ed. F. A. Wolfio.
Berolini, 1801, *in-8. v. f. Pap. Vél.*

234. Ejusdem trium orationum in Clodium, etc.

Certaine

Iden

Barras ainé.

Moore

231. ash. amz†

Moore

233. dug.

235. dug. Mel.
236. Mel. C.

Schaubeck

p.

240. wei. ash. p^+ gre. pz^+

241. C.

242. ash. p^+

Moore

Dem

Crozet.

245. ash. $h^{\pm}y$

fragmenta inedita, ed. A. Maio. *Mediolani*, 1814.
= Ejusd. Trium orationum pro Scauro, etc. partes ineditæ, ed. eodem. *Ibid.* 1814, *in-8. v. f. non rogné.*

235. Ejusdem oratio pro M. Marcello, ed. F. A. Wolfio. *Berolini*, 1802, *in-8. v. f. non rogné.*

236. Commentarius in orationem M. T. Ciceronis pro Marcello, auct. B. Weiske. *Lips.* 1805, *in-8. dem. rel. dos de m. vert.*

237. C. Plinii panegyricus, cum not. var. *Lugd. Bat.* 1675, *in-8. vél.*

238. Q. Aurelii Summachi octo orationum ineditarum partes, ed. A. Maio. *Mediolani*, 1815, *in-8. dem. rel. dos de m. r. non rogné.*

239. Erycii Puteani Suada attica, sive orationum selectarum syntagma. *Amst. L. Elzevirius*, 1644, *in-12. vél.*

POÉTIQUE.

Poètes orientaux et grecs.

240. De sacra poesi hebræorum, prælectiones academicæ, R. Lowth; accedunt J. D. Michaelis notæ et epimetra. *Oxon.* 1763, 2 *vol. in-8. dem. rel. dos de m. r. non rogné.*

241. Carminum orientalium triga, ed. H. G. L. Kosegarten. *Stralesundii*, 1813, *in-8. dem. rel. dos de m. r. non rogné.*

242. Ali Ben Abi Taleb carmina, arabice et lat. ed. G. Kuypers. *Lugd. Bat.* 1745, *in-8. dem. rel. dos de m. r. non rogné.*

243. Plutarchi commentarius quomodo adolescens poetas audire debeat, gr. et lat. ed. J. F. Krebsio. *Lipsiæ*, 1779, *in-8. vél.*

244. Aristotelis de poetica liber, ex versione T. Goulstoni, ed. T. Winstanley. *Oxonii*, 1780, *in-8. v. r. Ch. Mag.*

245. Hephæstionis Alexandrini enchiridion de

metris et poemate, gr. cur. T. Gaisford. *Oxonii,* 1810, *gr. in-8. dem. rel. dos de m. r. non rogné. Pap. Vél.*

246. Chrestomathia græca poetica, gr. et lat. ed. T. C. Harles. *Coburgi,* 1768, *in-8. v. f.*

247. Poetæ minores græci, cum vers. látina et not. edid. R. Wintertonus. *Cantab.* 1684, *pet. in-8. v. b.*

248. Iidem, præcipua lectionis varietate et indicibus instruxit T. Gaisford. *Oxon.* 1814, 4 *tomes en* 3 *vol. in-8. br. en cart. non rogné.*

249. Anthologia græca, a Constantino Cephala condita, gr. et lat. ed. J. J. Reiske. *Oxon. e Typogr. Clarend.* 1766, *in-8. v. f.*

250. Analecta veterum poetarum græcorum, græce, ed. R. F. P. Brunck. *Argent.* 1772, 3 *vol. in-8. v. f.*

251. Idem opus, ex eadem editione. 3 *vol. in-8. vél. dent.*

252. Gnomici poetæ græci, ex emend. R. F. P. Brunck. *Argent.* 1784, *pet. in-8. v. f.*

253. Selecta poetriarum græcarum carmina et fragmenta, gr. et lat. ed. Schneider. *Giesæ,* 1802, *in-8.*

254. Theocriti, Moschi et Bionis idyllia, gr. et lat. studio T. Martin. *Londini,* 1760, *in-8. cuir de Russie, dent. Ch. Mag.*

255. Empedoclis et Parmenidis fragmenta, gr. et lat. ed. A. Peyron. *Lips.* 1810, *in-8. dem. rel. dos de m. r. non rogné.*

256. Homeri Opera, græce. 2 *vol. in-*18. *v. j.*
Edition de la fin du seizième siècle, à laquelle on a mis des titres d'Amsterdam, 1735.

257. Eadem, gr. et lat. ex recens. et cum notis J. A. Ernesti. *Lips.* 1759, 5 *tomes en* 2 *vol. in-8. vél.*

258. Hectoris interitus, carmen Homeri, gr. cum scholiis variorum, ed. L. C. Valckenaer. *Leovard.* 1747. = Homeri hymnus in Cererem, gr.

Mlle Bodot

p.

Crozet.

Labitte

Idem
Mlle Bodot
Schaubeck   250. Luc. mz⁺
                                                 251. Luc. mz⁺

                                                 253. Ins. cheap.

                                                 254. Mel. si max.
Descourtieu

Schaubeck.

Crozet.   257. agh. x⁺ Mac

261. Hor. C +

262. Wei.   Racine

263. Luc. h+   m.lle Bodot.

                                             Daeustien

265. Wei.   m.lle Bodot
                                             Racine

266 Roch.

267. Kop. b+   noui br. non regui b.

268 Mac.

                                             Crozet.

                                             idem

nunc primùm editus a D. Ruhnkenio. *Lugd. Bat.* 1780, *in-8. m. r.*

259. Homeri hymnus in Cererem, ed. D. Ruhnkenio. *Lugd. Bat.* 1780, *in-8. v. f.*

260. Homeri batrachomyomachia, græce, versione latina C. Aretini, comment. et indicibus illustrata. *Londini,* 1721, *gr. in-8. v. m.*

261. L'Iliade d'Homère, trad. par M. Dugas-Montbel. *Paris,* 1825, 4 *vol. in-8. br.*

262. M. Moschopuli scholia ad Homeri Iliados lib. i et ii, gr. et lat. acced. commentarius J. Camerarii. *Traj. ad Rhen.* 1719, *in-8. vél.*

263. Homerus hebraizans, sive comparatio Homeri cum scriptoribus sacris, quoad normam loquendi, subnectitur Hesiodus homerizans, auct. Z. Bogan. *Oxoniæ,* 1658, *in-8. v. b.*

264. Antiquitatum homericarum libri iv, ab E. Feithio. *Lugd. Bat.* 1677, *in-12. vél.*

265. J. Tzetzæ antehomerica, homerica et posthomerica, edid. et comment. instruxit F. Jacobs. *Lips.* 1793, *in-8. v. r.* = Notice sur l'ouvrage cidessus, par du Theil. *In-8.* 24 *pag. d'impression.*
Cette notice est extraite du Magasin encyclopédique.

266. Allegoriæ homericæ quæ sub Heraclidis nomine feruntur, gr. et lat. ed. N. Schow. *Gottingæ,* 1782, *pet. in-8. v. r.*

267. Incerti scriptoris græci fabulæ aliquot homericæ de Ulixis erroribus, gr. et lat. cum not. J. Columbi. *Lugd. Bat.* 1745, *in-8. v. f.*

268. Hesiodi Ascræi quæ exstant, gr. et lat. cum not. var. ex recens. J. Clerici. *Amst.* 1701, 2 *tom.* en 1 *vol. in-8. m. r. dent.*

269. Hesiodi scutum Herculis, gr. cum scholiis græcis, ed. C. F. Heinrich. *Uratislaviæ,* 1802, *in-8. dem. rel. dos de m. r. non rogné.*

270. Tyrtæi quæ supersunt omnia, græce, cum

comment. edid. C. A. Klotzius. *Altenburgi,* 1767, *in-8. v. f.*

271. Archilochi reliquiæ, gr. et lat. cum notis I. Liebel. *Lipsiæ,* 1812, *in-8. dem. rel. dos de m. r. l. r.*

272. Alcæi poetæ lyrici fragmenta, gr. et lat. *Halæ,* 1810, *pet. in-8. v. j.*

273. Phocylidis carmina, gr. et lat. cum not. var. ed. J. A. Schier. *Lips.* 1751, *pet. in-8. v. f.*

274. Orphei argonautica, hymni et de lapidibus, cum not. var. cur. A. C. Eschenbachio. *Traj. ad Rhen.* 1689, *pet. in-8. vél.*

275. Orphica, gr. et lat. cum not. var. recens. G. Hermannus. *Lips.* 1805, *in-8. v. éc.*

276. De lapidibus, poema Orpheo a quibusdam adscriptum, gr. et lat. recens. notasque adjecit T. Tyrwhitt. *Londini,* 1781, *gr. in-8. v. f.*

277. Anacreon Teius, gr. et lat. stud. J. Barnes. *Cantabr.* 1705, *pet. in-8. vél. avec les 3 portraits.*

278. Anacreonti quæ tribuuntur carminum paraphrasis elegiaca, auct. J. H. Hoeufft. *Dordraci,* 1795. = Ejusd. Tentamen anacreonticum alterum, sive Anacreontis odaria totidem versibus reddita. *Ibid.* 1797, *in-8. dem. rel. dos de m. r. non rogné.*

279. Pindari carmina, ed. C. G. Heyne. *Gottingæ,* 1773, *in-4. v. f.*

280. Empedocles agrigentinus; de vita et philosophia ejus exposuit, carminum reliquias ex ant. script. collegit F. G. Sturz. *Lips.* 1805, 2 *tom.* en 1 *vol. in-8. v. porph. dent. Ch. Pura.*

281. Lycophronis Chalcidensis Alexandra, gr. et lat. ex recens. et cum comment. J. Meursii. *Lugd. Bat.* 1599, *pet. in-8. vél.*
Avec envoi à C. Vandermyle, signé de J. Meursius.

282. Idem opus, sive Cassandra, gr. et lat. ed. H. G. Reichardus. *Lipsiæ,* 1788, *in-8. v. f. dent.*

Schaubeck

gr. et lat.

271. wei. fraid

272. wei. luf.

273. luf.

275. luf. to have.

276. wei. luf.

278. Mel.

279 mac
280. wei. Rod. luf.

Crozet.

Ichaubeck

283. fra.

Schaubeck

Decoration

286. ash. az$^+$ Labitte

287. wei. Roch.

                                                        Labitte

                                                        Moore

                                                        Idem

291. wei.   nour p.   p.
292. gre. az$^+$
293. dug.

294. Kop. b$^+$ gab. waric

295. Luc. az$^+$ ash. i$^+$ gre. mz$^+$ Crozet.

296. Roch. ✱   Schaubeck

                                                        Moore

283. Arati phænomena et diosemea, gr. et lat. cur.
J. T. Buhle. *Lips.* 1793, 2 *vol. in-8. dem. rel. dos
de m. r. non rogné.*

284. Theocriti reliquiæ, gr. et lat. ed. T. C. Harles.
Lipsiæ, 1780, *in-8. v. b.*

285. Bionis et Moschi quæ supersunt, gr. et lat.
cum not. var. ex recens. T. C. Harles. *Erlangæ,*
1780, *pet. in-8. v. f. dent.*

286. Callimachi hymni, epigrammata et fragmenta, gr. et lat. cum not. var. ed. J. A. Ernesti.
Lugd. Bat. 1761., 2 *tom. en* 1 *vol. in-8. vél.*

287. Utriusque Leonidæ carmina, gr. cum schol.
edid. A. C. Meineke. *Lips.* 1791, *pet. in-8. vél.*

288. Apollonii Argonautica, gr. et lat. cum not.
var. *Lugd. Bat. ex offic. Elzevir.* 1641, *in-8. vél.*

289. Nicandri Alexipharmaca, gr. cum scholiis
gr. ed. J. G. Schneider. *Halæ,* 1792, *in-8. dem.
rel. dos de m. r. non rogné.*

290. Meleagri carmina, gr. et lat. ex recens. et
cum comment. Brunckii. *Lips.* 1789, *in-8. vél.*

291. Meleagri reliquiæ, gr. et lat. cum comment.
I. C. F. Manso. *Ienæ,* 1789, *in-8. vél.*

292. Oppianus de venatione et de piscatu, gr. et
lat. ed. C. Rittershusio. *Lugd. Bat.* 1597, 1 *tome
en* 2 *vol. in-8. v. j.*

293. Idem Oppianus, gr. et lat. cur. J. G. Schneider. *Argent.* 1776, *gr. in-8. v. f.*

294. Eutecnii Sophistæ paraphrasis prosaica in
Oppiani ixeutica, gr. et lat. ed. E. Windingio.
Hafniæ, 1702, *pet. in-8. v. b. Ch. Fortiori.*

295. Nonni Panop. Dionysiaca, gr. et lat. cum
not. var. et P. Cunæi animadv. *Hanoviæ,* 1610,
2 *part. en* 1 *vol. in-8. v. m.*

296. Quinti Calabri prætermissorum ab Homero
libri xiv, gr. et lat. cur. J. C. de Pauw. *Lugd. Bat.*
1734, *in-8. v. j.*

297. In Quinti Calabri, seu Cointi Smyrnæi para-

H

lipomena C. Dausqueii adnotamenta, gr. et lat. *Francof.* 1614, *pet. in-8. vél.*

298. Tryphiodori excidium Trojæ, gr. lat. et italice, edid. A. M. Bandinius. *Florentiæ,* 1765, *in-8. bas.*

299. Coluthi raptus Helenæ, gr. et lat. ed. J. D. a Lennep. *Leovardiæ,* 1747, *in-8. m. r. rel. par Derome.*

300. Musæi Grammatici de Herone et Leandro carmen, gr. et lat. cum schol. græcis, ex recens. M. Rover. *Lugd. Bat.* 1737, *in-8. m. r.*
On trouve en tête de cet ouvrage un frontispice gravé, et le dessin original de ce frontispice. Dans le même volume : Léandre et Héro, poëme de Musée. *A Sestos*, 1776. = Phrosine et Mélidore, poëme. *Paris*, 1772.

301. Les amours de Léandre et de Héro, poëme de Musée, trad. en français, avec le texte grec, la version latine et des notes, par J. B. Gail. *Paris, l'an* IV, (1796,) *gr. in-8. v. f. Pap. Vél. et une fig. avant la lettre.*

302. Mich. Pselli synopsis legum, versibus iambicis et politicis, nunc primum græce edita, lat. interpretatione et not. illustr. opera F. Bosqueti. *Paris.* 1632, *in-8. v. b.*

303. M. Philæ carmina, gr. et lat. cura G. Wernsdorff. *Lips.* 1768, *in-8. dem. rel. dos de m. r. non rogné.*

304. Collecta D. Gregorii Nazianzeni poemata, gr. et lat. ed. D. Gaullyer. *Paris.* 1718, *in-12. dem. rel.*

Poètes dramatiques grecs.

305. Æschyli tragœdiæ, gr. recens. C. G. Schutz; accedunt G. Hermanni observationes in Æschylum et Euripidem, et de Æschyli Persis diatribe, auct. C. G. Siebelis. *Halæ,* 1782, *et Lips.* 1798 *et* 1794, 4 *vol. in-8. dem. rel. dos de m. r. non rogné.*

Crozet.

idem

p.

298. fa. ins.

~~299~~ 299. gre, az

Schaubeck.

heber

p.

302. pos. x^+ Me

inf.

304. Mel.

306. ash. ai + pag.

                                                Moore

308. Wei.

                                                Decourtières

                                                moore

                                                'Den

312. ash. æ +   Ichaubeck

313 mac.
 314. luc. az +

3o6. Sophoclis Tragœdiæ, gr. et lat. ed. R. F. P. Brunck. *Argent.* 1786, 4 *tom. en 2 vol. in-8. v. j.* = Observat. criticæ in Sophoclem et alios, gr. et lat. auct. L. Purgold. *Ienæ,* 1802, *in-8. v. j.*

3o7. Euripidis Phœnissæ, gr. cum notis. *Londini,* 1799. = Ejusdem Medea, gr. cum not. edid. R. Porson. *Cantab.* 1801. = Ejusd. Orestes, gr. ed. eodem Porson. *Londini,* 1811. = Ejusd. Heraclidæ, gr. cum not. var. et ex recens. P. Elmsley. *Oxon.* 1813, *in-8. dem. rel. dos de m. r. non rogné.*

3o8. Euripidis dramata Iphigenia in Aulide et Iphigenia in Tauris, gr. et lat. ex recens. et cum not. J. Markland. *Londini,* 1771, *.in-8. v. m.*

3o9. Ejusdem Alcestis, gr. et lat. cum not. var. ed. C. T. Kuinoel. *Lips.* 1789, *in-8. vél.*

31o. Ejusdem supplices mulieres, gr. et lat. cum not. var. (ed. J. Markland.) *Londini,* 1775, *in-8. v. m.*

311. Ejusdem Cyclops, græce, recens. et adnotatione illustr. J. G. C. Hoepfner. *Lips.* 1789, *in-8. vél.*

312. Aristophanis comœdiæ, gr. studio R. F. P. Brunck. *Argent.* 1783, 4 *vol. in-8. v. j.*

313. Ejusdem Plutus, et Coluthi raptus Helenæ, gr. cum not. var. cura T. C. Harles. *Norimb.* 1776, *in-8. vél.*

314. Menandri et Philemonis reliquiæ, gr. et lat. ed. J. Clerico. *Amstel.* 1709, *in-8. vél.* = Emendationes in Menandri et Philemonis reliquias, ex editione J. Clerici, auct. Phileleuthéro Lipsiensi, (R. Bentleio.) *Traj. ad Rhen.* 1710, *in-8. vél.* = Philargyrii Cantabrig. (J. C. de Pauw) emendationes in Menandri reliquias, ex editione J. J. Clerici. *Amst.* 1711, *in-8. vél.* = Infamia emendationum in Menandri reliquias (R. Ben-

tleii, a J. Gronovio.) *Lugd. Bat.* 1710, *in-*12. *vél.*

Avec les signatures et des notes manuscrites de d'Ansse de Villoison et de Larcher.

Poètes latins anciens.

315. Poetæ latini minores, curante J. C. Wernsdorf. *Altenburgi,* 1780, 6 *vol. in-*8. *v. j.*

316. Priapeia, sive diversorum poetarum in Priapum lusus, cum not. var. *Patav.* 1664, *pet. in-*8. *vél.*

317. Gratii Falisci et M. A. Olympii Nemesiani cynegetica, cum not. var. *Mitaviæ,* 1775, *in-*8. *dem. rel. dos de m. r. non rogné.*

318. Q. Ennii fragmenta quæ supersunt, accur. F. Hesselio. *Amst.* 1707, *pet. in-*4. *v. f.*

319. C. Lucilii Suessani Auruncani satyræ, F. Dousa collegit et notas addidit. *Patavii, Cominus,* 1735, *in-*8. *vél.*

320. T. Lucretii Cari de rerum natura libri sex, cum interpretat. et notis T. Creech. *Oxon. e Theat. Sheldon.* 1695, *in-*8. *vél.*

321. Idem opus, edente eodem. *Lond.* 1717, *in-*8. *v. f.*

322. Catullus, Tibullus, Propertius. *Amst. L. Elzevirius,* 1651, *in-*18. *vél.*

323. Iidem, cum not. var. et ex recens. J. G. Grævii. *Traj. ad Rhen.* 1680, *in-*8. *v. m. dos de m. r.*

324. Phasellus Catulli, et ad eundem parodiæ, cum not. A. Senftlebii. *Lips.* 1642, *pet. in-*8. *vél.*

325. P. Virgilii Maronis Opera, cum not. var. *Lugd. Bat.* 1680, 3 *vol. in-*8. *v. b.*

326. Virgilius collatione scriptorum græcorum illustratus, cura F. Ursini, ed. L. C. Valckenario. *Leovardiæ,* 1747, *in-*8. *vél.*

327. Elegia ad M. V. Corvinum Messalam, ed. G. P. E. Wagner. *Lipsiæ,* 1816, *in-*8. *cart. non rogné.*

Crozet.

Schaubeck

p.°

Schaubeck   318. wei. Luc.
                                                    Mac.

idem

p.°

avec un double d_pietra del paragon
paitico, n.° 103.

                                             323. Luc. mi +
                                                    Mac.
Moore

Labitte

Moore

329. Luc. n⁺   Schaubeck

                        très vilain   Labitte

331 nic.
332 mac.
333. ambr.

                                               Crozet.

                                               Decourtien

336 mac
337. Cor.

338. Wei.   Decourtien

                                               Crozet.

                                               idem

                                               Schaubeck

                                               m^lle Bodot.

                                               Combard

328. Q. Horatii Flacci Opera, cum not. D. Heinsii. *Lugd. Bat. L. Elzevir.* 1612, *pet. in-8. vél.*

329. Idem, cum not. J. Bond et var. accur. C. Schrevelio. *Lugd. Bat.* 1670, *in-8. vél.*

14. 95

330. Idem, cum scholiis J. Bond. *Amst. D. Elzevir.* 1676, *pet. in-12. v. b.*   1. 50.

331. Idem, cum not. A. Cuningamii. *Hag. Com.* 1721, 2 *vol. in-8. v. b.*   4. 50. Ɗ

332. Idem, ed. R. Bentleio. *Lipsiæ*, 1764, 2 *vol. in-8. v. f.*   8. 25. Ɗ

333. Idem, cum not. var. ed. G. Baxtero. *Glasguæ*, 1796, *gr. in-8. v. f. Pap. Vél.*   9. 95 Ɗ

334. Idem, illustravit C. G. Mitscherlich. *Lips.* 1800, 2 *vol. in-8. dem. rel. dos de m. r. non rogné. Pap. Vél.*   23. 50.

335. Idem, cum locis quibusdam e gr. scriptoribus collatus, auct. S. Weston. *Londini*, 1801, *in-8. v. r.*   1. 50.

336. Idem, cum schol. J. Bond, ed. N. L. Achaintre. *Paris.* 1806, *in-8. dem. rel. dos de m. vert. non rogné.*   2. 60. Ɗ

337. C. A. Klotzii vindiciæ Q. Horatii Flacci. Accedit comment. in carmina poetæ. *Bremæ*, 1764, *pet. in-8. vél.*   5. 95. Ɗ

338. J. H. M. Ernesti Clavis Horatiana. *Berol.* 1802, 2 *vol. in-8. dem. rel.*   6.

339. Carmina et fragmenta carminum familiæ Cæsareæ, hoc est Cæsaris Germanici Opera omnia, ed. J. C. Schwarz. *Coburgi*, 1715, *in-8. m. r.*   3.

340. Phædri fabularum Æsopiarum libri quinque, ed. J. Laurentio. *Amst.* 1667, *in-8. fig. m. r.*   10.

341. Idem, ed. P. Danet, in usum Delphini. *Paris.* 1675, *in-4. v. b.*   3. 95

342. Idem, cum not. F. J. Desbillons. *Paris.* 1807, *in-12. dem. rel. dos de m. r. non rogné.*   1. 50.

343. Ejusdem fabellæ novæ XXXII, ed. A. A. Re-   1. 50.

nouard. *Paris.* 1812, *in-12. dem. rel. dos de m. r. non rogné.*

6. 50 344. M. Manilii astronomicon, ex recens. R. Bentleii, cum not. var. cura et stud. M. E. Stœber. *Argent.* 1767, *in-8. v. f. dent.*

3. 50 345. C. Pedonis Albinovani elegiæ et fragmenta; P. C. Severi Ætna, cum not. var. *Amst.* 1703, 2 *part. en* 1 *vol. pet. in-8. fig. vél.*

38. – – 346. P. Ovidii Nasonis Opera, cum not. var. *Lugd. Bat.* 1662, 3 *vol. in-8. m. r.*

3. – – 347. Eadem. *Amst. ex offic. Elseviriana,* 1676, 3 *vol. in-18. cart:*

3. – – 348. P. Ovidii Nasonis epistolæ heroides, interpret. et notis illustr. D. Crispinus, in usum Delphini. *Londini,* 1768, *in-8. v. f.*

12. 95 349. M. A. Lucanus de bello civili, cum not. var. accur. C. Schrevelio. *Lugd. Bat.* 1669, *in-8. vél.*

3. – – 350. La Pharsale de Lucain, en vers françois, (par Brébeuf.) *Amst. L. et D. Elzevier, (Paris,) in-12. v. uni. dent.*

3. 60 351. L. A. Senecæ et P. Syri sententiæ, cum not. J. Gruteri. *Lugd. Bat.* 1708, *in-8. vél.*

7. 5 – – 352. C. Valerii Flacci Argonautica, cum not. var. ex recens. T. C. Harles. *Altenburgi,* 1781, *in-8. v. r.*

10. – – 353. C. Silii Italici punicorum libri xvii, annotat. illustr. G. A. Ruperti. *Gottingæ,* 1795, 2 *vol. in-8. dem. rel. dos de m. r. non rogné.*

1. – – 354. C. Silii Italici de bello punico secundo poema, cur. J. B. Lefebvre de Villebrune. *Paris.* 1781, *in-12. v. éc.*

1. 50 355. P. Pap. Statii sylvarum et Achilleidos libri, cum not. T. Stephens. *Cantabr.* 1651, *pet. in-8. v. b.*

7. – 50 356. Ejusdem Opera, ex recens. F. Gronovii. *Amst. L. Elzevir.* 1653, *in-18. vél.*

Crozet.

Ichaubeck

moore

idem

Ichaubeck

idem

m^{lle} Bodot.

Crozet.

352. mac.

moore

Ichaubeck

Malefait.

Decoration   ajouté le n° 131, qui n'avoit point été vendu

357. Luc. mz+ Cor.

358. Luc. 6+ aſh. it   Moore

359. Luc. az+ aſh. it   Crozet.

360 Mac.

                                        Mlle Bodot.

                                        Malafait.

364. Wei. Dru.

365. ambr. aſh. e+   nous ait

                                        Caviliangauny

367. Wei. Luc. p+ Iuf.

368. Wei.   Schaubeck

                                        idem

357. Eadem, cum not. var. ed. J. Veenhusen.
   Lugd. Bat. 1671, *in-8. v. éc.*
   Les 16 premiers feuillets sont légèrement mouillés.

358. M. V. Martialis epigrammata, cum not. var.
   ed. V. Collesso. *Amst.* 1701, *in-8. fig. vél.*

359. D. J. Juvenalis et A. Persii Flacci satyræ, cum
   not. var. *Amst.* 1684, *in-8. m. r. dent.*

360. D. J. Juvenalis satiræ, cum not. var. curante
   N. L. Achaintre. *Paris. F. Didot,* 1810, 2 *vol.*
   in-8. dem. rel.

361. Satires de Juvénal, trad. par J. Dusaulx, avec
   le texte en regard. *Paris,* 1803, 2 *vol. in-8. m.*
   r. dent. Pap. Vél.

362. A. Persii Flacci satiræ, ed. N. L. Achaintre.
   Parisiis, 1812, *in-8. br.*

363. M. A. Olympii Nemesiani eclogæ iv, et T. Cal-
   purnii eclogæ vii, cum not. var. *Mitaviæ,* 1774,
   in-8. dem. rel. dos de m. r. non rogné.

364. Severi Sancti, id est Endeleichi de mortibus
   boum carmen, ed. J. Weitzio et W. Sebero. *Lugd.*
   Bat. 1715, *in-8. cart.*

365. D. M. Ausonii Opera, cum not. var. ex recens.
   J. Tollii. *Amst.* 1671, *in-8. v. b.*

366. C. Claudiani quæ exstant, cum not. var. et
   ex recens. N. Heinsii. *Amst. ex offic. Elzevir.*
   1665, *in-8. v. b.*

367. F. Aviani fabulæ, cum not. var. *Amst.* 1731,
   in-8. bas.

368. Rutilii Claudii Numatiani Galli itinerarium,
   cum not. var. ed. A. Goetzio. *Altorphii,* 1741,
   pet. in-8. vél.

369. Pervigilium Veneris, cum not. var. *Hagæ*
   Comit. 1712, *in-8. vél.*

370. D. Catonis disticha de moribus ad filium,
   cum not. var. *Amst.* 1759, *in-8. vél.* = Historia
   critica Catoniana, cum not. var. *Amst.* 1759,
   in-8. vél.

371. Fl. Cresconii Corippi Africani de laudibus Justini Augusti minoris libri, ed. A. Goetzio. *Altorfii*, 1743, *in-8. vél.*

372. Incerti auctoris (vulgo Pindari Thebani) epitome Iliados Homericæ, ex recens. et cum not. T. Van Kooten. *Lugd. Bat.* 1809, *in-8. br.*

373. Dracontii Toletani hexameron, seu de opere sex dierum et creatione mundi liber, cum not. M. J. Weitzii. *Francof.* 1610, *pet. in-8. vél.*

374. Cœlii Sedulii carminis Paschalis lib. v, et hymni duo, cum not. var. curante H. J. Arntzenio. *Leovardiæ*, 1761, *in-8. vél.*

375. Aratoris de actibus apostolorum libri duo, et epistolæ tres, cum not. var. edid. H. J. Arntzenius. *Zutphaniæ*, 1769, *in-8. v. m.*

Poètes dramatiques latins.

376. M. A. Plauti comœdiæ, cum not. var. ex recens. J. F. Gronovii. *Amst.* 1684, *in-8. vél. dent.*

377. Ejusdem Captivi, comœdia, ed. J. Bosscha. *Amst.* 1817, *in-8. dem. rel. dos de m. r. non rogné.*

378. Ejusdem fragmenta inedita, item ad Terentium comment. et picturæ ineditæ, inventore A. Maio. *Mediolani*, 1815, *in-8. dem. rel. dos de m. r. non rogné.*

379. P. Terentii Afri comœdiæ, cum not. var. *Amst.* 1686, 2 *vol. in-8. vél.*

380. L. A. Senecæ tragœdiæ, cum not. var. *Amst.* 1682, *in-8. vél.*

Poètes latins modernes.

381. Poetæ satyrici minores, de corrupto ~~ecclesiæ~~ *(república)* statu, M. Z. Boxhornius recensuit et comment. illustr. *Lugd. Bat.* 1633, *in-12. vél.*

382. Actii Sinceri Sannazarii Opera latine scripta; accedunt G. Altilii et aliorum carmina. *Amst.* 1728, *in-8. v. f.*

Cantian gœury

Schaubeck

Schaubeck
crozet.

Conbard

371. Wei.
372. Mel. Kop.
373. Iuf. cheap.
374. Wei. Iuf. cheap
375. Wei. Iuf. ch
376. aph. x+
377. Mel.
378. fra+
379. aph. e+
380. aph. p+

381. Wei.

écrit sur les marges

Moore

Schaubeck

Labitte

Moore

p.

383. Baptistæ Mantuani bucolica, a Jodoco Badio
Ascensio exposita; carmen ejusdem de S. Joanne
Baptista, et alia opuscula. *Argentinæ, per Re-
natum Beck,* 1517, *pet. in-4. v. f.*

384. Q. Sectani (L. Sergardii) satyræ in Phylode-
mum, (Gravinam,) cum not. var. *Colon.* 1698,
pet. in-8. vél.

385. Idem opus, cum notis, edid. P. Antonianus,
(E. Martinez.) *Amst. Elsevir. (Neapoli,)* 1700,
2 *vol. in-8. vél.*

386. L. Sectani (J. C. Cordara) de tota Græculo-
rum hujus ætatis literatura sermones. *Hagæ
Comitum,* 1752, *in-8. v. j.*

387. M. Hospitalii carmina. *Amst.* 1732, *in-8.*
dem. rel. dos de m. r. non rogné.

388. F. J. Desbillons fabulæ Æsopiæ. *Mannhemii,*
1768, 2 *vol. in-8. fig. v. m. Ch. Fortiori.*

389. Sibylla Capitolina, P. Virgilii Maronis poe-
mation. *Oxonii,* 1726. = Probæ (Falconiæ) de
fidei nostræ mysteriis, e Maronis carminibus
excerptum opusculum. *Lugduni, Bern. Les-
cuyer,* 1516, *in-8. dem. rel.*

Le second ouvrage n'est point commun. Il est d'un format
plus petit que le premier.

Poètes français et italiens.

390. Fables diverses de La Mothe, (Houdart de la
Motte,) Aubert, etc. trad. en vers latins, par N.
A. M. Grandsire. *Paris,* 1830, *in-12. br.* =
Petite ménagerie poétique, par Roch. *Paris,*
1830, *in-12. fig. br.*

391. Vers sur la mort, par Thibaud de Marly,
imprimés sur un manuscrit de la Bibliothéque
du Roi. *Paris, Crapelet, gr. in-8. br. en cart.*
Pap. Vél.

392. Mes Bagatelles, ou les torts de ma jeunesse,

par Fallet. *Paris*, 1776, *in-8. fig. dem. rel. dos
de m. r. non rogné.*

393. L'Imagination, poëme, par J. Delille. *Paris,
P. Didot l'aîné,* 1816, 2 *vol. in-8. br. en cart.
Pap. Vél.*

394. Poésies fugitives, par A. Charlemagne. *Paris,
de l'impr. de Didot l'aîné, an* IX, (1801,) *in-12.
v. porph. dent. Pap. Vél.*

395. L'Astronomie, poëme en six chants, par P.
Daru. *Paris,* 1830, *in-8. br.*

396. Odes, ballades, etc. par V. Hugo. *Paris,* 1829,
3 *vol. in-8. br. Pap. Vél.*

397. Poëmes, par le comte A. de Vigny. *Paris,*
1829, *in-8. br.*

398. Légendes françaises, par E. d'Anglemont.
Paris, 1829, *in-8. br.*

399. Essais poétiques, par Melle Delphine Gay.
Paris, 1824, *gr. in-8. br. Pap. Vél.*

400. Le Chansonnier des Grâces, avec la musique
gravée. *Paris,* 1797 *et suiv.* 31 *vol. in-18. v. éc.*
== Almanach des Grâces, étrennes chantantes.
Paris, 1784 *et suiv.* 13 *vol. in-18. v. éc.*

401. L'Amante ennemie, tragi-comédie de Salle-
bray. *Paris,* 1642. == Aristotime, tragédie, par
Levert. *Paris,* 1642. == Alinde, tragédie de
M. de la Mesnardière. *Paris,* 1643. == La Sœur,
comédie de Rotrou. *Paris,* 1647. == Clarice,
comédie de Rotrou. *Paris,* 1643, *in-4. v. b.*
**Il manque à la dernière pièce le titre et les pièces prélimi-
naires.**

402. Le comte d'Essex, tragédie, par T. Corneille.
*Suivant la copie imprimée à Paris, (Hollande,)
à la Sphère,* 1691, *pet. in-12. dem. rel. dos
de m. r.*

403. Les Jeux de la petite Thalie, ou nouveaux
petits drames dialogués sur des proverbes pro-

mertian

Colas   avec le n° 392.

                                             395. van. it

p.
Colas.
jamel.
Bonnefont.
porquet.

Lacornière

p.

parquet.

404. Mel.

405. Mel.

Colas.

Cretaine

avec un double imparfait   heber

Ch. Barras fils.

Malafait.
Schaubeck

413. Roch. ★

Schaubeck

idem

idem

pres à former les mœurs des enfants, etc. par de Moissy. *Paris*, 1769, 3 *vol. in-8. v. f. dent.*

404. Théâtre de campagne, par Carmontelle. *Paris*, 1775, 4 *vol. in-8. v. f. dent.*

405. Proverbes dramatiques, par Carmontelle. *Paris*, 1783, 6 *vol. in-8. v. f. dent.*

406. Esquisses dramatiques du gouvernement révolutionnaire de France aux années 1793, 1794 et 1795, par P. C. Ducancel. *Paris*, 1830, *in-8. br.*

407. Rime di Michelagnolo Buonarrotti il Vecchio, col comento di G. Biagioli. *Parigi*, 1821, *in-8. v. r.*

408. Documenti d'amore, di M. Fr. Barberino. *Roma*, 1640, *in-4. fig. non rel.*

409. Aminta di T. Tasso. *Parigi*, 1745, *in-12. v. m.* = Il Pastor fido, di B. Guarini. *Venezia*, 1750, *in-18. bas.*

410. Collezione completa delle commedie di C. Goldoni. *Livorno*, 1788, 31 *vol. in-8. v. f.*

Mythologie, etc.

411. Historiæ poeticæ scriptores antiqui, gr. et lat. cum notis. *Paris.* 1675, *in-8. vél.*

412. Opuscula mythologica, physica et ethica, gr. et lat. cum not. var. ex recens. T. Gale. *Amst.* 1688, *in-8. vél.*

413. Apollodori Athen. Bibliothecæ libri tres, gr. ex recens. et cum not. C. G. Heyne. *Gottingæ*, 1782, 4 *vol. in-12. v. f.*

414. Antonini Liberalis transformationum congeries, gr. et lat. ed. H. Verheyk. *Lugd. Bat.* 1774, *in-8. v. f.*

415. Mythographi latini: C. J. Hyginus, F. Planciades, etc. cum not. T. Munckeri. *Amst.* 1681, *in-8. fig. vél.*

416. Hygini quæ extant, cum not. var. ed. J. Scheffero. *Hamburgi*, 1674, *in-8. vél. dent.*

417. Fabularum Æsopicarum delectus, gr. et lat. *Oxon. e Theat. Sheldon.* 1698, *in-8. v. b. dent.*

418. Fabularum Æsopicarum collectio, gr. et lat. ed. Mariano, (J. Hudson.) *Oxon. e Theat. Sheldon.* 1718, *in-8. dem. rel. dos de m. r. non rogné.*

419. Syntipæ fabulæ LXII, gr. et lat. ed. C. F. Matthæo. *Lipsiæ*, 1781, *in-8. v. porph.*

420. L. Apuleii metamorphoseos lib. XI, cum not. var. ed. J. Pricæo. *Goudæ*, 1650, *in-8. v. b.*

Romans grecs et latins.

421. Parthenii Nicæensis narrationum amatoriarum libellus, græce, emendatus a L. Legrand, ed. C. G. Heyne. *Gottingæ*, 1798, *in-12. m. r.*

422. Achillis Tatii de Clitophontis et Leucippes amoribus lib. VIII, gr. et lat. cum not. var. ed. C. G. Mitscherlich. *Biponti*, 1792, *in-8. bas.*

423. Heliodori ethiopica, gr. recens. J. P. Schmidius. *Lips.* 1772, *in-8. cuir de Russie.*

424. Longi pastoralium de Daphnide et Chloe libri quatuor, gr. et lat. ed. d'Ansse de Villoison. *Parisiis, Didot,* 1778, *in-8. v. f.*

425. Charitonis Aphrodisiensis de Chaerea et Callirrhoe amatoriarum narrationum lib. octo, gr. et lat. cum not. var. curante J. J. Reiske. *Lipsiæ*, 1783, *in-8. cuir de Russie.*

426. Eustathii de Ismeniæ et Ismenes amoribus lib. XI, gr. et lat. ed. G. Gaulmino. *Lutet. Paris.* 1618, *pet. in-8. v. b.*

427. Theodori Prodromi Rhodanthes et Dosiclis amorum lib. IX, gr. et lat. interprete G. Gaulmino. *Paris.* 1625, *in-8. vél.*

428. Nicetæ Eugeniani narrationem amatoriam et C. Manassis fragmenta gr. et lat. ed. J. F. Boissonade. *Parisiis*, 1819, *2 vol. in-12. dem. rel. dos de m. r. non rogné. Pap. Vél.*

Labitte

Ichanbeck

418. deb.

419. wei.
420. luc. am+

gab. Warré

Decourtiers   le titre Jale

Moore

Ichanbeck

idem

Moore

Mlle Bodot.

Moore

Schauberck

p.

Barrois ainé.

La Connière

p.

436. frc.

p.
p.
p.
p.

429. J. Barclaii Argenis. *Lugd. Bat.* 1664, 2 *vol.* in-8. *vél.*   2.

430. Idem opus, germanice, per M. Opitzen. *Amst. J. Jansson,* 1644, *in-12. fig. vél.*

Romans français, etc.   3. 20.

431. La princesse de Cleves, (par madame de la Fayette.) *Hollande, Elzevier,* 1678, *4 tomes en* 1 *vol. in-12. m. r. Le titre qui est gravé est doublé et raccommodé.*

432. Casimir, roy de Pologne, (par Rousseau de la Valette.) *Suivant la copie impr. à Paris, (Hollande, Elzevier,)* 1679, *2 tomes en* 1 *vol. in-12. vél.*   1. 50.

433. Histoire amoureuse des Gaules, (par Bussy Rabutin.) *Liége,* 12. *v. b.*   2. 10.
Edition de 208 pages et un feuillet renfermant la clef. Il y a une croix sur le titre.

434. Ismael Ben Kaïzar, ou la découverte du Nouveau-Monde, par F. Denis. *Paris,* 1829, 5 *vol. in-12. br.*   4. 60.

435. Le Novice, par madame de Bawr. *Paris,* 1830, *4 vol. in-12. br.*

436. El ingenioso hidalgo don Quixote de la Mancha, compuesto por M. de Cervantes Saavedra. *Madrid,* 1780, *4 vol. in-4. fig. v. éc.*   106.

437. Woodstock, ou le cavalier, par Walter Scott. *Paris,* 1826, 2 *vol. in-8. fig. br.*   3. 95.

438. Les Chroniques de la Canongate, par le même. *Paris,* 1829, 2 *vol. in-8. fig. br.*   2. 20.

439. La Jolie Fille de Perth, ou le jour de Saint-Valentin, par le même. *Paris,* 1829, 2 *vol. in-8. fig. br.*   4.

440. Charles-le-Téméraire, ou Anne de Geierstein, par le même. *Paris,* 1830, 3 *vol. in-8. fig. br.*   4. 80.

Critiques anciens et modernes.

441. Athenæi deipnosophistarum libri xv, gr. et lat. cum animadversionibus et in illis additamentis, edid. J. Schweighæuser. *Argent.* 1801 *et Jenæ*, 1809, 15 *vol. in-8. v. r. et v. m.*

442. Auli Gellii noctes atticæ, cum not. var. ex recens. A. Thysii. *Lugd. Bat.* 1666, *in-8. v. b.*

443. A. T. Macrobii Opera, cum not. var. *Lugd. Bat.* 1670, *in-8. vél.*

444. Alexandri ab Alexandro genialium dierum lib. vi, cum not. var. *Lugd. Bat.* 1673, 2 *vol. in-8. m. bl.*

445. G. d'Arnaud specimen animadversionum criticarum ad aliquot scriptores græcos. *Harlingæ*, 1728, *in-8. v. éc.* = G. d'Arnaud lectionum græcarum libri duo. *Hagæ Comitum*, 1730, *in-8. v. f.*

446. F. J. Bastii epistola critica ad J. F. Boissonade super Antonino Liberali, Parthenio et Aristæneto, cum not. C. A. Wiedeburg. *Lips.* 1809, *in-8. dem. rel.*

447. R. Bentleii opuscula philologica in Phalaridem. *Lips.* 1781, *in-8. v. r. dent.*

448. J. F. Fischeri commentarius in Xenophontis Cyropædiam, ed. C. T. Kuinoel. *Lipsiæ*, 1803, *in-8. v. éc.*

449. J. F. Gronovii in P. Papinii Statii silvas diatribe, cum not. var. ed. F. Handio. *Lips.* 1812, 2 *vol. in-8. dem. rel.*

450. Ejusdem lectiones Plautinæ. *Amst.* 1740, *in-8. cart. non rogné.*

451. Exercitationes criticæ in scriptores veteres, auct. F. Jacobs. *Lipsiæ*, 1790, 2 *tom. en* 1 *vol. in-8. v. éc. dent.*

452. J. C. de Pauw notæ in Pindari Olympia, Pythia, etc. *Trajecti ad Rhenum*, 1747, *in-8. v. j.*

Mlle Bodot.

Exempl. de Wailly

441. oph. ez⁺

Carilian gœury
Schaubek

442. oph. h⁺y
     Cous. m⁺
     Lei. x⁺

Crozet.

443. Lec. e⁺

445. Wei.

446. dug.

Schaubek

447. dug.

Decourtien

450 mac.

Labitte

453. Cour. m+ Kop. h+   Decourtière

454. Kop. i+   p

455. Roch.

                                        Simonet.

                                        Moore

                                        idem

                                        idem

        ajouté h vol. Bonquin   p

                                        Crozet.

453. I. Rossii Commentationes Laertianæ, gr. et lat. *Romæ*, 1788, *in-8. cart. non rogné. Ch. Mag.*

454. D. Ruhnkenii epistolæ criticæ in Homer. hymnos, et Hesiodum; in Callimachum et Apollonium Rhodium. *Lugd. Bat.* 1749 *et* 1751, *in-8. v. f.*

455. C. G. Schwarz exercitationes academicæ, quibus antiquitatis et juris romani nonnulla capita explicantur, ed. T. C. Harles. *Norimbergæ*, 1783, *in-8. fig. bas.*

456. Lævini Torrentii in C. Suetonii Tr. xii Cæsares commentarii. *Antuerp. C. Plantinus*, 1578, *in-8. v. f. Le titre racommodé.*

457. Emendationes in Suidam et Hesychium, et alios lexicographos græcos, auct. J. Toup. *Oxon.* 1790, 4 *vol. in-8. v. j.*

458. D. W. Trilleri observationes criticæ in varios græcos et latinos auctores. *Francof. ad Mœn.* 1742, *in-8. v. f.*

459. T. Tyrwhitti conjecturæ in Strabonem, ed. T. C. Harles. *Erlangæ*, 1788, *in-8. dem. rel. dos de m. r. non rogné.*

460. Animadversiones et lectiones ad Aristotelis libros tres rhetoricorum, auct. J. L. Vater. *Lips.* 1794, *in-8. v. r. dent.*

461. C. V. Vonck specimen criticum in varios auctores. *Traj. ad Rhen.* 1744. = Ejusdem lectiones latinæ. *Traj. Viltorum*, 1745. = Fragmentum veteris jurisconsulti de juris speciebus, etc. gr. et lat. ed. M. Rover. *Lugd. Bat.* 1739, *in-8. v. f.*

462. P. Wesselingii dissertatio Herodotea. *Traj. ad Rhenum*, 1758, *in-8. dem. rel. dos de m. r.*

Satyres, etc.

463. Titi Petronii Arbitri satyricon; accedunt diversorum poetarum lusus in Priapum, etc. cum not. var. *Amst.* 1669 *et* 1671, *in-8. m. r. dent. l. r.*

6 . . 464. Martiani Capellæ satyricon, cum not. H. Grotii. *Antuerp. Plantin.* 1599, *pet. in-8. vél.*

1 - 50 465. Euphormionis Lusinini, sive J. Barclaii satyricon, cum notis var. *Lugd. Bat.* 1674, *in-8. vél.*

2 . . 466. J. B. Menckenii de charlataneria eruditorum
declamationes duæ. *Amst.* 1747, *in-8. v. f..*

4 . . . 467. Lettre d'un Relieur français à un Biblio- /3
graphe anglais, (M. Dibdin,) par Lesné. *Paris,
Crapelet, gr. in-8. br. en cart.*

11.95 468. Fragmentum Petronii, ex biblioth. S. Galli
excerptum, cum vers. gallica, (opusculum a
D. Marchena constructum.) 1800, *pet. in-8.
dem. rel. dos de m. r. non rogné. Pap. Vél.*
Tiré à petit nombre.

7.95 469. Stultitiæ laus, D. Erasmi declamatio, cum
comment. G. Listrii. *Basil,* 1676, *in-8. fig. v. b.*
Exemplaire de l'abbé d'Olivet, avec une table en 68 chapitres, écrite de sa main.

24-95 470. J. Stobæi eclogæ physicæ et ethicæ, gr. et lat.
ed. A. H. L. Heeren. *Gottingæ,* 1792, *4 tom. en
3 vol. in-8. v. r.*

8 . . 471. Xenophontis memorabilia Socratis dicta,
gr. et lat. cum not. var. recens. Bolton Simpson.
Oxon. e Theat. Sheldon. 1749, *in-8. v. f.*

2-70 472. Adagiorum D. Erasmi epitome. *Amst. Jansson.* 1649, *pet. in-12. v. f.*

Polygraphes orientaux et grecs.

16.5 473. Chrestomathie arabe, ou Extraits de divers
écrivains arabes, tant en prose qu'en vers, en
arabe et en français, par M. A. I. Silvestre de
Sacy. *Paris, Imp. Imp.* 1806, *3 vol. in-8. br. en
cart.*

8 . . 474. Arati phænomena, Theonis scholia, Eratosthenis enarrationes, etc. gr. *Oxonii,* 1672,
in-8. m. r. dent.

4.45 475. Xenophontis memorabilia Socratis et Plato-

Ichaubeck
p.
moore
guilbort.

464. Ler. èt

467. Van.

468. Mel. Kop. a

469. wei.

Decourtiere

470. wei.

Ichaubeck

porquet.   ajouté 6 volumes intacts

Colas.

473. Mel. oph.

m^lle Bodot.

la. meme

476 mac.
477 mac.

Schaubach

moor

idem

481. Luc. mit

p.

Schaubach

483. Mel.

nis Gorgias, in lingua græca vulgari versa. *Paris.*
1825, *in-8. br.*

476. Xenophontis œconomicus, apologia Socratis, etc. græce, recens. et not. explicavit J. C. Zeunius. *Lips.* 1782, *in-8. vél.*

477. Ejusdem opuscula, politica, equestria et ve-
natica, gr. cum not. recens. J. C. Zeunius.
Lips. 1778, *in-8. vél.*

478. Plutarchus de puerorum educatione et de
audiendis poetis, etc. græce, recens. M. C. Kretz-
schmar. *Dresdæ,* 1750, *in-8. v. m.*

479. Ejusdem instituta et excerpta apophthegmata
laconica, gr. ed. T. E. Gierig. *Lipsiæ,* 1779,
in-8. vél.

480. Philetæ Coi fragmenta quæ reperiuntur, gr.
et lat. edid. C. P. Kayser. *Gottingæ,* 1793, *in·12.*
v. porph. dent.

481. Luciani Samosat. Opera, gr. et lat. cum not.
var. *Amst.* 1687, 2 *vol. in-8. v. b.*

482. Philostrati heroica, gr. et lat. cum not. recens. J. F. Boissonade. *Paris.* 1806, *in-8. v. éc.*

Polygraphes latins, français, etc.

483. S. Philastrii de hæresibus liber, cum not.
J. A. Fabricii. *Hamburgi,* 1721. = J. C. Wolfii
notæ in Pseudo-Origenis philosophumena. *Hamburgi.* = S. Athenagoræ Opera, gr. et lat. ed.
L. A. Rechenbergio. *Lipsiæ,* 1685. = L. C. F. Lactantii de mortibus persecutorum liber, cum
not. J. Columbi. *Aboæ,* 1684. = Probæ Falconiæ cento Virgilianus historiam veteris et novi
Testamenti complexus, rec. J. L. Kromaiero.
Halæ Magd. 1719. = Cœlii Sedulii mirabilium
divinorum libri, paschale carmen, etc. ed.
C. Cellario. *Halæ Magd.* 1704. = Julii Firmici
Materni de errore profanarum religionum, rec.

I

J. a Wower. *Ex Bibliop. Frobeniano,* 1603, *petit in-8. vél.*

484. M. C. Frontonis Opera inedita, ed. A. Maio. *Mediol. Reg. Typis,* 1815, 2 *vol. gr. in-8. fig. v. f.*

485. M. A. Mureti Opera omnia, ex recens. D. Ruhnkenii. *Lugd. Bat.* 1789, 4 *vol. in-8. dem. rel. dos de m. r. non rogné.*

486. Les OEuvres diverses de Balzac. *Amst. D. Elzevier,* 1664, *pet. in-12. v. b.*

487. OEuvres complètes de Voltaire, deuxième édition. *Paris, Baudouin frères,* 1828, 75 *vol. in-8. br.*

488. OEuvres diverses de M. de Pradt. *Paris,* 1815 *et ann. suiv.* 28 *tom. en* 26 *vol. in-8. bas. et dem. rel.*

489. D. Erasmi colloquia. *Amst. ex offic. Elzevir.* 1677, *in-18. v. b.*

490. Idem opus, cum not. var. accur. C. Schrevelio. *Amst.* 1693, *in-8. v. b.*
Le bas du titre est coupé.

491. Cinq dialogues faits à l'imitation des anciens, par Oratius Tubero, (Lamothe le Vayer.) *Mons,* 1671, *pet. in-12. vél.*

492. Le Mercure postillon de l'un et l'autre monde, trad. de l'ital. en françois, avec le texte. *Liége,* 1667, *pet. in-12. v. b.*

Epistolaires.

493. Phalaridis epistolæ, gr. et lat. ex recens. et cum not. C. Boyle. *Oxon. e Typogr. Clarend.* 1718, *in-8. v. b.*

494. Themistoclis epistolæ, gr. et lat. recens. et not. illustr. C. Schœttgenius. *Lips.* 1710, *pet. in-8. v. m.*

495. Alciphronis Rhetoris epistolæ, gr. et lat. ad editionem S. Bergleri accurat. impressæ. *Traj. ad Rhen.* 1791, *in-8. m r. Ch. Mag.*

P.

Sourion

Couronné.

Colas.

Colas.

idem

Malafait.

Cantiangenry

484. wei.

485. Rod.

490. cous. mt aph.

491. cous. mt

493. mac.

497. ash. m+

499. Luc. x+

ajouté un S.e Exemplaire br.   girod.

moore

Castilian jaury

Mlle Hodot.

Ichanbeck

moore

p.

colas.

Simonet.

idem

moore

p.

496. Chionis epistolæ, gr. ed. J. T. Cobero. *Dresdæ,* 1765, *in*-12, *v. f. non rogné.*

497. Aristæneti epistolæ, gr. et lat. cum not. J. Merceri, cur. J. C. de Pauw. *Traj. ad Rhen.* 1737, *pet. in*-8. *v. j.*

498. Libanii Sophistæ epistolæ, gr. et lat. cum not. J. C. Wolfii. *Lips.* 1711, *in*-8. *vél.*

499. C. Plinii Secundi epistolæ, cum not. var. ed. J. Veenhusio. *Lugd. Bat.* 1669, *in*-8. *vél.*

500. P. Abælardi et Heloissæ epistolæ, curante R. Rawlinson. *Londini,* 1718, *in*-8. *v. m.*

501. Les plus belles Lettres des meilleurs auteurs françois, par P. Richelet. *Amst.* 1690, *in*-12. *vél.*

502. Lettres de Voiture. *Jouxte la copie impr. à Paris, (Hollande,)* 1654, *pet. in*-12, *v. b.*

503. Lettres d'une belle-mère à son gendre, sur quelques sujets d'histoire et de politique. *Paris,* 1829, *in*-8. *br.*

HISTOIRE.

Géographie et Voyages.

504. Geographiæ veteris scriptores Græci minores, gr. et lat. (ed. J. Hudson, H. Dodwello et E. Wells.) *Oxoniæ,* 1698, 1703, 1712. $=$ Dionysii geographia, gr. et lat. *Oxonii,* 1704, 3 *vol. in*-8. *v. f.* $=$ Eadem, gr. et lat. *Oxonii,* 1697, *in*-8. *fig. v. b.*

505. Strabonis rerum geographicarum lib. xvii, gr. et lat. ex recens. J. P. Siebenkees. *Lips.* 1796, 6 *vol. in*-8. *dem. rel. dos de m. r. non rogné. Pap. de Holl.*

506. Dionysii geographia, gr. ed. E. Wells. *Oxon.* 1704, *in*-8. *v. b. Ch. Mag.*

507. Plutarchi libellus de fluviorum et montium

nominibus, gr. et lat. ex recens. et cum not. P. J. Maussaci. *Tolosæ,* 1615, *in-8. v. r. dent.*

508. Agathemeris compendiaria geographia, gr. et lat. cura S. Tennulii. *Amst.* 1671, *pet. in-8. fig. v. f. non rogné.*

509. Philonis Byzantini libellus de septem orbis spectaculis, gr. et lat. ed. J. C. Orellio. *Lipsiæ,* 1816, *in-8. dem. rel. dos de m. r. non rogné.*

510. Pomponii Melæ de situ orbis lib. III, cum not. var. curante A. Gronovio. *Lugd. Bat.* 1748, *in-8. vél.*

511. Vibius Sequester de fluminibus, fontibus, etc. quorum apud poetas mentio fit, ed. J. J. Oberlino. *Argentorati,* 1778, *in-8. vél.*

512. Anonymi Ravennatis de geographia lib. v, edid. et notis illustr. P. Porcheron. *Paris.* 1688, *in-8. v. b.*

513. P. Cluverii introductio in universam geographiam. *Lugd. Bat. Elzevirii,* 1641, *in-18. bas.*

514. Caucasiarum regionum et gentium Straboniana descriptio, gr. et lat. ed. C. Rommel. *Lipsiæ,* 1804, *in-8. dem. rel. dos de m. r. non rogné.*

515. H. Schlicthorst geographia Africæ Herodotea. *Gottingæ,* 1788, *in-8. dem. rel. dos de m. r. non rogné.*

516. Itinerarium Antonini Augusti, ed. A. Schotto. *Colon. Agripp.* 1600, *pet. in-8. v. f.*

517. Voyage d'Egypte et de Nubie, par F. L. Norden, publié par L. Langlès. *Paris,* 1795, 3 *vol. in-4. et 3 atlas in-fol. br. en cart. Pap. Vél.*

Chronologie et Histoire universelle.

518. Fabii Claudii Gordiani Fulgentii libri XXIII de ætatibus mundi et hominis, reservatis per singulos libros singulis literis, absque A usque in Z, ed. P. J. Hommey. *Pictavii,* 1694, *in-8. m. r.*

Schaubeck

Iden

Moore

Crozet.

§ og. wei.

§ 10. oßh. x⁺

§ 11 gail. i⁺

§ 12. Mel. gre

§ 14. C.

§ 16. dem.

p.

Cauiette

Crozet.

524. ash. p+ Roch -

guilbert.

p.

528 mac

crozet.

530 mac.

531. Mel. gre. az+

p.

519. Exercitationes duæ : prima de ætate Phalaridis, secunda de ætate Pythagoræ, auct. H. Dodwello. *Londini*, 1704, *in-8. v. b.*

520. Justini historiæ, cum not. var. curante A. Gronovio. *Lugd. Bat.* 1719, *in-8. vél.*

521. G. Hornii arca Noæ, sive historia imperiorum et regnorum a condito orbe ad nostra tempora. *Lugd. Bat. Hackius*, 1666, *pet. in-12. vél.*

522. Histoire des guerres et des négociations qui précédèrent le traité de Westphalie, par le P. Bougeant. *Paris*, 1767, 3 *vol. in-4. v. f. dent.*

523. Lettres et autres pièces curieuses sur les affaires du temps. *Amst. à la Sphère*, 1672, *pet. in-12. v. b.*

Histoire ecclésiastique, etc.

524. Sulpicii Severi Opera omnia, cum not. var. accur. G. Hornio. *Amst. Elzevir.* 1665, *in-8. vél.*

525. Mémoire statistique pour servir à l'histoire de l'établissement du christianisme à Lyon. *Lyon*, 1829, *in-8. br.*

526. Relation de la cour de Rome, par A. Corraro. *Leide, à la Sphère*, 1663, *in-12. non rel.*

527. L'Apocalypse de Meliton, ou révélation des mystères cénobitiques, (par C. Pithoys.) *Saint-Léger*, 1665, *in-12. vél.*

528. Histoire du clergé de France pendant la révolution. *Paris*, 1828, 3 *vol. in-12. br.*

529. La véritable religion des Hollandois, par J. Brun. *Amst.* 1675, *pet. in-12. v. b.*

Histoire des Juifs. Histoire grecque.

530. Fl. Josephi Opera omnia, gr. et lat. cum not. var. curante F. Oberthur. *Lips.* 1782, 3 *vol. in-8. vél. vert. non rogné.*

531. Hecatæi Abderitæ eclogæ, sive fragmenta de historia et antiquit. sacris vet. Ebræorum, gr. et

lat. cum not. J. Scaligeri et P. Zornii. *Altona,*
1730. = Libellus de ellipsibus latinis, ed. J. F.
Grimm. *Francof.* 1743, *pet. in-8. vél.*

24 - 50 532. Dictys Cretensis et Dares Phrygius de bello
Trojano, cum not. var. ex edit. J. Perizonii.
Amst. 1702, *in-8. vél.*

31 - 5 533. Pausaniæ Græciæ descriptio, gr. recens. et
emend. J. F. Facius. *Lips.* 1794, 4 *vol. in-8. v.f.*
non rogné.

43 - 5 534. Herodoti Halic. historiæ, gr. et lat. cum notis
P. Wesselingii. *Amst.* 1763, *in-fol. cart. non rogné.*

95 - 60 535. Herodoti musæ, sive historiarum lib. ix, gr.
et lat. cum adnotat. var. illustr. J. Schweighæuser. *Argent.* 1816, 12 *tom. en* 6 *vol. in-8. dem.*
rel. dos de m. r. non rogné.

53 - 50 536. Thucydidis de bello Peloponnesiaco lib. viii,
gr. et lat. cum not. var. *Biponti,* 1788, 6 *vol.*
in-8. vél.

39 537. Xenophontis Opera, gr. et lat. ex recens. E.
Wells; accedunt notæ var. ed. J. A. Ernesti. *Lips.*
1763, 4 *vol. in-8. v.f.*

45 - 50 538. Lexicon Xenophonteum, ed. F. G. Sturzio.
Lips. 1801, 4 *vol. in-8. v.f.*

5 - 95 539. Xenophontis de Cyri institutione libri octo,
gr. et lat. cum not. var. et ex recens. T. Hutchin-
son. *Londini,* 1738, *in-8. v. b.*

6 - - 540. Ejusdem de Cyri expeditione commentarii,
gr. ed. J. C. Zeunio. *Lips.* 1785, *in-8. vél.*

68 - - 541. Diodori Siculi bibliothecæ historicæ libri
qui supersunt, gr. et lat. e recens. P. Wesselingii, cum annot. var. *Biponti,* 1793, 11 *vol. in-8.*
cart. non rogné. Ch. Pura.
Le tome xi est broché.

8 - 50 542. Ephori Cumæi fragmenta, ed. Meier Marx.
Caroliruhæ, 1815, *in-8. dem. rel. dos de m. r.*
non rogné.

5 - - 543. Hellanici Lesbii fragmenta, gr. et lat. ed. F.

Schaubeck   ... 532. Luc, az+ Rach.

m^lle Bodot.

Moore

Schaubeck
                                               535. par. s'colld, xa+

m^lle Bodot.

                                               537 mac.

                                               538 Roch.
m^lle Bodot.

                                               540. mac
Schaubeck
                                               541. arch. hz+

                       nou br. h   542. wei. Mel.
Moore

544. wei.   Moore

545. ash. p+ ~~mac~~   Schaubeck

546 mac.

547 mac.

548. cous. m+ gre. am+

549. luc. pm+

550. luc. e+   Schaubeck

                                              1 Den

552. ambr. osh. ae+

553. luc. am+ osh. az+

G. Sturz. *Lipsiæ,* 1787, *in-8. dem. rel. dos de m. r. non rogné.*

544. Phérecydis fragmenta, ed. F. G. Sturz. *Geræ,* 1789, *in-8. vél.*   8..10

545. Arriani de expeditione Alexandri Magni lib. vii, gr. et lat. cum not. var. et ex recens. N. Blancardi. *Amst.* 1668, *in-8. vél.*   6-95

546. Idem opus et historia Indica, gr. et lat. ed. G. Raphelio. *Amst.* 1757, *in-8. dem. rel. dos de m. r. non rogné.*   9-60

547. Q. Curtii Rufi Alexander Magnus, cum not. var. et S. Pitisci. *Traj. ad Rhen.* 1693, *in-8. fig. vél.*   12--

548. Itinerarium Alexandri ad Constantium Augustum Constantini filium, ed. A. Maio. *Mediolani*, 1817. = Julii Valerii res gestæ Alexandri Macedonis, translatæ ex Æsopo græco, ed. A. Maio. *Ibid.* 1817, *in-8. dem. rel. dos de m. r. non rogné.*   10-50

Histoire romaine, etc.

549. Polybii historiarum libri qui supersunt, gr. et lat. cum not. var. ex recens. J. Gronovii. *Amst.* 1670, 3 *vol. in-8. v. b.*   31..

550. C. C. Sallustii Opera omnia, cum not. var. *Amst.* 1690, *in-8. vél. dent.*   20-5

551. C. J. Cæsaris quæ extant omnia, cum not. var. ex recens. J. G. Grævii. *Lugd. Bat.* 1713, *in-8. fig. vél. dent.*   25-95

552. Titi Livii historiæ, cum not. var. *Amst.* 1679, 3 *vol. in-8. v. b.* = Fragmentum ex lib. xci historiarum T. Livii, nunc primum eruit ex cod. m^ss. vaticano P. J. Bruns. *Paris.* 1773, *in-8.* 44 *pages d'impression.*   39-95

553. C. Velleii Paterculi quæ supersunt ex historia romana, cum not. var. cur. D. Ruhnkenio. *Lugd. Bat.* 1779, 2 *vol. in-8. v. f.*   10-50

554. C. C. Taciti Opera, cum not. var. *Amst. D. Elsevir.* 1673, 2 *tomes en* 4 *vol. in-8. v. b.*

555. Idem, cum not. G. Brotier. *Paris.* 1776, 7 *vol. in-*12. *dem. rel. dos de m. r. non rogné.*

556. C. Suetonii Tranquilli Opera, cum not. var. et comment. S. Pitisci. *Traj. ad Rhen.* 1690, 2 *vol. in-8. fig. v. f.*

557. L. A. Flori epitome rerum romanarum, cum not. var. ed. C. A. Dukero. *Lvgd. Bat.* 1744, *in-8. vél. dent.*

558. Appiani Alexandrini romanæ historiæ, gr. et lat. cum not. var. ed. A. Tollio. *Amst.* 1670, 2 *vol. in-8. vél.*

559. Herodiani historiarum lib. VIII, gr. et lat. recogniti et not. illustrati. *Oxon. e Theat. Sheldon.* 1704, *in-8. v. m.*

560. S. Aurelii Victoris historia romana, cum not. var. edid. S. Pitiscus. *Traj. ad Rhen.* 1696, *in-8. fig. v. b.*

561. Eutropii breviarium historiæ romanæ, cum metaphrasi græca Pæanii, et not. var. ed. H. Verheyk. *Lugd. Bat.* 1762, *in-8. vél. dent.*

562. Ammiani Marcellini quæ supersunt, cum not. var. edid. C. G. A. Erfurdt. *Lips.* 1808, 3 *vol. in-8. dem. rel. dos de m. r. non rogné.*

563. Zosimi historiæ novæ lib. IX, gr. et lat. cum notis. *Oxon. e Theat. Sheldon.* 1679, *in-8. vél.*

564. J. L. Lydi de magistratibus reipublicæ romanæ libri tres, gr. et lat. ed. C. B. Hase. *Parisiis,* 1812, *in-8. dem. rel. dos de m. r. non rogné.*

565. Historiæ Augustæ scriptores, cum not. var. *Lugd. Bat.* 1671, 2 *vol. in-8. v. b.*

566. Joannis Antiocheni cognomento Malalæ, historia chronica, gr. et lat. *Oxon. e Th. Sheld.* 1691, *in-8. vél.*

2 volumes piqués 554 mac

  555. ash. ait
   mac.
exempl. de Sontiro 556 mac.

  557 mac

Schonbeck

p.

p.

Schonbeck

  561. ash h+
   Roch

p.

moore

le titre gravé raccommodé! Roch.
  565. Sut.
   ash. at
  566. Mel.

sby. van. mh⁺y   Moore

                                  p.

                                  p.

                                  matafait.

                                  cretaine

                                  malafait

        le titnotan lah   idem

                                  cretaine

Histoire d'Italie, de France, etc.

567. Statistique des provinces de Savone, d'Oneille, d'Acqui, etc. formant l'ancien département de Montenotte, par M. de Chabrol de Volvic. *Paris,* 1824, 2 *vol. in-*4. *br. en cart.*

568. Dictionnaire universel de la France, par Robert de Hesseln. *Paris,* 1771, 6 *vol. in-*8. *v. m.*

569. Histoire de Philippe-Auguste, par Capefigue. *Paris,* 1829, 4 *vol. in-*8. *br.*

570. Remarques du maréchal de Bassompierre sur les vies de Henry IV et Louys XIII, de Dupleix. *Paris,* 1665, *pet. in-*12. *v. b.*

571. Le Soldat françois, (par P. l'Hostal.) 1604. = La response de maistre Guillaume au soldat françois, 1605, et autres pièces. *Petit in-*12. *parch. mouillé.*

572. Ambassades de Bassompierre en Espagne et en Suisse. *Cologne, P. du Marteau, à la Sphère,* (*Elzevier,*) 1668, 3 *tom. en* 2 *vol. in-*12. *m. r. dent.*

Le tome II de l'ambassade de Suisse est beaucoup plus grand que le 1er, qui est relié avec l'ambassade d'Espagne.

573. Journal du cardinal duc de Richelieu. (*Holl.*) 1648, 2 *part. en* 1 *vol. pet. in-*12. *v. b.*

574. Mémoires d'un favory du duc d'Orléans. *Leyde, J. Sambix,* 1672, *in-*12. *v. b.*

575. Mémoires de M. D. L. R. (M. de la Rochefoucauld) sur les brigues à la mort de Louis XIII, etc. *Cologne, à la Sphère,* 1662, *in-*12. *vél.*

576. Les mêmes. *Cologne, P. van Dyck, à la Sphère,* 1669, *in-*12. *vél.*

577. Les mêmes. *Cologne, à la Sphère,* 1677, *in-*12. *v. f.*

578. Bouclier d'estat et de justice contre le dessein manifestement découvert de la monarchie universelle. *Bruxelles,* 1668, *in-*12. *v. b.*

579. Traitté de la politique de France, (par P. Hay, marquis de Chastelet.) *Utrecht, P. Elzevier,* 1670, 2 *part. en* 1 *vol. in-12. vél.*

580. Histoire de Louis xvi, avec les anecdotes de son règne, par P. V. J. de Bourniseaux. *Paris,* 1830, 4 *vol. in-8. br.*

581. Almanach impérial. 1809, *in-8. m. vert. dent.* = Almanach royal. 1819, 1826 *et* 1828, 3 *vol. in-8. bas.*

582. Procès-verbaux des séances de la chambre des députés des départemens, années 1824, 1825 et 1826. *Paris,* 6 *vol. in-8. br. et* 2 *vol. de tables.*

583. Relation historique, pittor. et statistique du voyage de Charles x dans le département du Nord, par M. C. du Rozoir. *Paris,* 1827, *in-fol. br. en cart.*
Il y manque les planches.

584. Recherches statistiques sur la ville de Paris et le département de la Seine. *Paris, Impr. Roy.* 1829, *in-4. br. Pap. Vél.*

585. Statistique du département de l'Aisne, par J. B. L. Brayer, seconde partie, Agriculture. *Laon,* 1825, *in-4. br.*

586. Statistique du département de la Haute-Vienne, par M. L. Texier–Olivier. *Paris,* 1808, *in-4. br. en cart. Pap. Vél.*

587. F. Strada de bello Belgico. *Juxta exemplar Romæ impressum, (Holland. Elzev.)* 1648, *pet. in-12. fig. v. r.*

588. Relation de l'accroissement de la papauté et du gouvernement absolu en Angleterre. *Hambourg,* 1680, *pet. in-12. vél.*

589. J. Pastorii Florus Polonicus. *Lugd. Bat.* 1641, *in-12. v. b.*

590. Lettres sur l'Orient, par le baron Th. Renouard de Bussierre. *Paris,* 1829, 2 *vol. in-8. br. et atlas in-fol.*

malafait.

p.

p.

Crozet.

moore

idem

p.   ajouté le nº 579

Crozet.

590 Rou

Crozet.

p.

moore

p.
Labitte

moore

avec le n° 410 qui doublé 66.   Colas.

598. et Mel.

599. Roch. gre. h +

jamel.

Colas

591. Essai sur les mœurs des habitans modernes
de l'Egypte, par M. de Chabrol. *In-fol. br. en
cart. Pap. Vél.* = Description des ruines d'El-
Kab, ou Elethyia, par M. Saint-Genis. *In-fol. br.*
Extrait de l'édition originale de la description de l'Egypte.

Antiquités.

592. Sibyllina oracula, gr. et lat. cum not. D. J.
Opsopæi. *Paris.* 1607, *in-8. dem. rel. dos de m. r.*
593. Sibyllæ liber xiv, gr. et lat. ed. A. Maio. *Mediol.* 1817, *in-8. dem. rel. dos de m. r. non rogné.*
594. C. Paschalii coronæ. *Lugd. Bat.* 1671, *in-8. vél.*
595. Plutarchi de Iside et Osiride liber, gr. et
angl. cum notis var. recens. S. Squire. *Cantabr.
in-8. v. b. Ch. Mag.*
596. Essai sur le Zodiaque circulaire de Denderah,
par M. A. Lenoir. *Paris,* 1822, *in-8. br. en cart.*
597. J. Meursii de ludis Græcorum liber, gr. et lat.
Lugd. Bat. I. Elzevir. 1622, *pet. in-8. v. m.*
598. Dionysii Halicarnass. archæologiæ romanæ
quæ ritus romanos explicat, synopsis, gr. ed.
D. C. Grimm. *Lips.* 1786, *in-8. v. f. dent.*
599. Julii Vitalis epitaphium, cum not. crit. H.
Dodwelli et comment. G. Musgrave. *Iscæ Dun-
moniorum,* 1711, *in-8. fig. v. m.*
600. Monumens français inédits, par N. X. Wille-
min. *Première et deuxième livr. du texte et des
planches 40 à 43, in-fol. en cahiers.*

Histoire littéraire.

601. Hermannus Hugo de prima scribendi origine, etc. cum notis var. ed. C. H. Trotz. *Traj.
ad Rhen.* 1738, *in-8. vél.*
602. Mémoires de l'Académie royale des Sciences
de l'Institut de France, années 1817 à 1822,
formant les tom. 2 à 5 de la nouvelle série. *Paris,*
1819 *et suiv.* 4 *vol. in-4. fig. br. en cart.*

603. Mémoires présentés par divers savans à l'Académie des Sciences de l'Institut de France.
Sciences mathématiques et physiques. *Paris,*
1827, *le tome* 1er, *in-4. br. en cart.*

Biographie.

604. Selecti Dionysii Halicarnass. de priscis scriptoribus tractatus, gr. et lat. græca recens. notasque adjecit G. Holwell. *Londini,* 1766, *in-8. v. f.*

605. Plutarchi Chæron. Opera, gr. et lat. ex recens.
J. J. Reiske. *Lips.* 1774, 12 *vol. in-8. v. f.*

606. Ejusdem vitæ parallelæ, et opuscula, græce.
Excud. H. Stephanus, 1572, 4 *vol. in-8. v. b. l. r.*
Ch. Mag.

Ce sont les tomes 1 et 3 des Vitæ, et les tomes 1 et 3 des
Opuscula.

607. Diogenis Laertii de vitis, dogmatibus, etc.
clarorum philosophorum libri x, gr. et lat. ed.
P. D. Longolio. *Curiæ Regnitianæ,* 1739, 2 *tom.
en* 1 *vol. in-8. vél.*

608. Cornelii Nepotis vitæ excellentium imperatorum, cum not. var. *Lugd. Bat.* 1675, *in-8. fig.
v. m.*

609. Marini vita Procli, gr. et lat. recens. et notas
addidit J. F. Boissonade. *Lips.* 1814, *in-8. br.*

610. Histoire de la vie et des ouvrages de P. Corneille, par J. Taschereau. *Paris,* 1829, *in-8. br.*

611. Mémoires posthumes, lettres et pièces au-
thentiques touchant la vie et la mort de Charles
François, duc de Rivière. *Paris,* 1829, *in-8. br.*

Extraits historiques.

612. Selecta principum historicorum, Herodoti,
Thucydidis, etc. ed. D. Wyttenbach. *Amst.* 1794,
in-8. dem. rel. dos de m. r. non rogné.

613. Historicorum græcorum antiquissimorum

moore

Decourtion

Colas

il y cna de morillis er p'igui

607. pos. verif. det
luc. it

Ichonbeck

Melle Bodot

Silvestre

p

610. dem. m⁺ y

moore

idem

613. cons. m⁺

Coubard

Ichaubeck

616. wei.

Colas.

618. cous. x^+ ash. x^+ inf.

Labitte

620. inf.

Linormart.

truchy

moore

crozet.

fragmenta, gr. et lat. ed. F. Creuzer. *Heidelbergæ,*
1806, *in-8. dem. rel. dos de m. r. non rogné.*

614. C. Æliani Sophistæ varia historia, gr. et lat.
cum comment. J. Perizonii. *Lugd. Bat.* 1701,
2 *tom. en* 1 *vol. in-8. vél. dent.*

615. Valerius Maximus, cum notis var. ex recens.
A. Thysii. *Lugd. Bat.* 1670, *in-8. bas.*

616. Nicolai Damasceni historiarum excerpta et
fragmenta quæ supersunt, gr. et lat. ed. J. C.
Orellio. *Lipsiæ,* 1804, *in-8. dem. rel. dos de m.
r. non rogné.*

———

ARTICLES OMIS.

617. Le Coran de Mahomet, divisé par chapitres,
en arabe. *In-fol. rel. du pays. Dans un étui.*

Manuscrit oriental. Il a appartenu à madame la comtesse
Menou, née en Egypte. L'écriture et les ornemens en or et en
couleurs sont de la plus belle exécution. Malheureusement il
est mal conservé et très fatigué, ainsi que la reliure, qui étoit
très riche. Il y manque le dernier feuillet.

618. Epicteti enchiridion, cum Arriani disserta-
tionibus, græce, ed. M. D. Coray. *Paris.* 1827,
2 *vol. in-8. br.*

619. Harangue de Lycurgue contre Léocrate, etc.
en grec, et trad. en franç. par M. Coray. *Paris,*
1826, *in-8. br.*

620. Atakta, ou mélanges et observations sur les
langues grecques, anciennes et modernes, en
grec, par M. Coray. *Paris,* 1828, 3 *vol. in-8. br.*

FIN.

ORDRE DES VACATIONS.

On pourra voir les Livres tous les jours, depuis une heure jusqu'à trois.

Tous les Livres seront vendus pour complets. On pourra les collationner pendant les deux heures d'exposition ; mais une fois sortis de la salle de vente, on ne les reprendra sous aucun prétexte.

Les articles rares, etc. qui se trouveroient dans les vingt-cinq premiers numéros de la vacation, seront vendus à la fin.

Les livres seront exposés dans l'ordre qui suit :

1re *vacation, mercredi* 19 *janvier* 1831.

Théologie........	1—	9
Sciences et Arts...	28—	41
Belles-Lettres.....	151—160	
Histoire...........	245—313	

2e *vacation, jeudi* 20.

Belles-Lettres....	161—170	
Théologie........	10—18	
Sciences et Arts...	42—	55
Histoire.........	314—382	

3e *vacation, vendredi* 21.

Sciences et Arts...	56—	69
Jurisprudence....	19—	27
Belles-Lettres.....	171—180	
Histoire.........	383—451	

4e *vacation, samedi* 22.

Belles-Lettres.....	181—190	
Sciences et Arts...	70—	83
Histoire.........	452—529	

5^e *vacation, lundi* 24.

Belles-Lettres.....	191—200	
Sciences et Arts...	84—	97
Histoire.........	530—607	

6^e *vacation, mardi* 25 *janvier.*

Belles-Lettres......	201—210	
Sciences et Arts...	98—111	
Histoire.........	608—685	

7^e *vacation, mercredi* 26.

Belles-Lettres....	211—220	
Sciences et Arts...	112—125	
Histoire.........	686—763	

8e *vacation, jeudi* 27.

Sciences et Arts...	126—139	
Belles-Lettres....	221—230	
Histoire.........	764—841	

9e *vacation, vendredi* 28.

Belles-Lettres....	231—244	
Sciences et Arts...	140—150	
Histoire.........	842—916	

10e *vacation, samedi* 29.

SUPPLÉMENT.

Théologie........	1—	11
Sciences et Arts...	61—	80
Histoire.........	504—522	
Belles-Lettres....	180—233	

M Bonnefons. 4 vol. Dor... hecum de noailles - - - - - 1f 95c

M Bonnefons.

Code général pour Dheanne 22 vol - - - - 15. 60 .
mémorial forestier - - - 6 vol }
annales forestieres - - - 8 -- } 4. 10
collection des lois - - - 4 vol - 2. 50 .
Bulletin des lois 1819 a 1828, moins le 1er semestre
de 1825, et un paquet broché - - - 27. 5
8 vol almanachs Royaux et de commerce - - - 3. 95

53 f 20 c

55 f 15 c

B. M Bailly. huit paquets et un volume
p. 1er lot. 2 paquets journaux &c - - - 3. 60 .
paquet 2 3 paquets livres imparfaits - - - 3. 10
p. 3e 2 paquets brochures - - - 7. 55 .
p. 4e 1 paquet moniteur, et papiers de l'institut. 2.
1 vol traité de l'orthographe vendu avec
le no 179

16. 25.

L. g. M Laurent partie d'une bible grecque, vendue
avec le no 33 1er hieronymi, le reste en imparfait.

9 M guillaume 12 vol. in 18.
vendu 2. avec le no 174.
4 avec le no. 462.
6 avec le no. 472.

12 vol.

11ᵉ *vacation, lundi* 31 *janvier.*

Théologie . . . . 12— 22
Sciences et Arts. . . 81—100
Belles-Lettres . . . . 234—287
Histoire. . . . . 523—541

12ᵉ *vacation, mardi* 1ᵉʳ *février.*

Sciences et Arts. . . 101—120
Théologie . . . . 23— 33
Belles-Lettres . . . . 288—340
Histoire. . . . . 542—560

13ᵉ *vacation, mercredi* 2.

Théologie . . . . 34— 45

Sciences et Arts. . . 121—139
Belles-Lettres . . . . 341—392
Histoire. . . . . 561—579

14ᵉ *vacation, jeudi* 3.

Jurisprudence. . . . 46— 60
Sciences et Arts. . . 140—160
Histoire. . . . . 580—598
Belles-Lettres . . . . 393—441

15ᵉ *et dernière vacation,*
vendredi 4.

Sciences et Arts. . . 161—179
Belles-Lettres . . . . 442—503
Histoire. . . . . 599—620

DE L'IMPRIMERIE DE CRAPELET,
RUE DE VAUGIRARD, N° 9.

LIVRES NOUVEAUX,

Publiés par De Bure *frères, Libraires de la Bibliothèque royale, rue Serpente, n° 7 ; et Extrait de leur Catalogue de Livres de fonds.*

Recherches sur les véritables noms des vases grecs, et sur leurs différens usages, par M. Théodore Panofka, membre de l'Académie d'Herculanum, etc. *Paris,* 1830, 1 *vol. gr. in-fol. fig. cart.* Prix..... 22 fr.
Cet ouvrage, qui contient 64 pages de texte et 9 planches, est complet, et peut servir d'introduction et d'explication au Musée Blacas, du même auteur.
Musée Blacas, monumens grecs, étrusques et romains, publ. par M. Th. Panofka, tome Ier. — Vases peints, livraisons 1 et 2. Paris, 1830, gr. in-fol. fig. en noir et en couleurs. *Prix de chaque livr.* 15 fr.
Ulysse-Homère, ou du véritable auteur de l'Iliade et de l'Odyssée, par Constantin Koliades, professeur dans l'université Ionienne. *Paris,* 1829, *in-fol. imprimé sur grand raisin vélin, et accompagné de* 20 *lithographies représentant des vues, cartes et plans ; prix, cartonné..* 24 fr.
Rudimens de la langue hindoustani, à l'usage des élèves de l'école royale et spéciale des langues orientales vivantes, par M. Garcin de Tassy. *Paris, Imp. Roy.* 1829, *in-4. br.*............................ 9 fr.

OUVRAGES DE M. LE BARON SILVESTRE DE SACY, MEMBRE DE L'ACADÉMIE
DES INSCRIPTIONS, etc.

Anthologie grammaticale arabe, ou morceaux choisis de divers auteurs arabes, avec une traduction française et des notes. *Paris, Imp. Roy.* 1829, *gr. in-8. br.*.. 25 fr.
— La même, *Pap. Vél. br.*...................................... 36 fr.
Ce volume fait suite à la Chrestomathie arabe.
Chrestomathie arabe, ou Extraits de divers écrivains arabes, tant en prose qu'en vers, avec une traduction française et des notes, 2e édit. corrigée et augmentée. *Paris, Imp. Roy.* 1827, 3 *vol. in-8. br.* 63 fr.
— La même, 3 *vol. Pap. Vél.*.................................. 100 fr.
— La même, *tome III*... 21 fr.
Grammaire arabe, seconde édition *; sous presse.*
Calila et Dimna, ou Fables de Bidpaï, en arabe, précédées d'un Mémoire sur l'origine de ce livre, et suivies de la Moallaka de Lebid, en arabe et en français. *Paris, Impr. Roy.* 1816, *in-4. br.*...... 20 fr.
— Le même, *en Pap. Vél.*..................................... 30 fr.
Pend-Namèh, ou le Livre des Conseils, de Férid-eddin Attar, en persan et en français. *Paris, Impr. Roy.* 1819, *in-8. br.*............ 20 fr.
— Le même, *en Pap. Vél.*..................................... 30 fr.
Testament de Louis XVI, avec une traduction arabe. *Paris, Imp. Roy.* 1820, *in-12. br.*................................... 2 fr. 50 c.
— Le même, *Pap. Vél. br.*.................................... 5 fr.
Les Séances de Hariri, publiées en arabe, avec un Commentaire choisi. *Paris, Impr. Roy.* 1822, *in-fol. br.*....................... 60 fr.
— Les mêmes, *en Pap. Vél.*................................... 90 fr.
— Les mêmes, *la seconde partie séparément.*................. 30 fr.
Recherches hist. et crit. sur les Mystères du Paganisme, par M. le baron de Sainte-Croix, 2e édition, revue et corrigée par M. de Sacy, dédiée au Roi. *Paris,* 1817, 2 *vol. in-8. br. avec 2 planches....* 15 fr.
— Les mêmes, *Pap. Vél.*...................................... 25 fr.

Mémoires sur diverses Antiquités de la Perse. *Paris, de l'Imprimerie du Louvre*, 1793, *in-4. fig. br.* .... 15 fr.
— Les mêmes, *Pap. Fort* .... 21 fr.
Essai sur les Mystères d'Éleusis, par M. Ouwaroff; 3e édition, donnée par M. de Sacy. *Paris, Impr. Roy.* 1816, *in-8. br.* .... 3 fr.
Lettre à M***, conseiller de S. M. le Roi de Saxe, relativement à l'ouvrage intitulé, *des Juifs au XIXe siècle. Paris*, 1817, *in-8. br.* 60 c.
Discours, Opinions et Rapports sur divers sujets de législation, d'instruction publique et de littérature. *Paris*, 1823, *in-8. br.* ...... 6 fr.

OUVRAGES DE M. AUGUSTIN CAUCHY, MEMBRE DE L'ACADÉMIE ROYALE DES SCIENCES DE L'INSTITUT, etc.

Cours d'Analyse de l'Ecole royale Polytechnique. *Paris, Imp. Roy.* 1821, *in-8. br.* Le tome premier .... 6 fr.
Mémoires sur les Intégrales définies prises entre des limites imaginaires. *Paris*, 1825, *in-4. brochure de 68 pages* .... 3 fr. 50 c.
Exercices de Mathématiques. *Paris*, 1826, 1827, 1828 et 1829, quatre années formant 48 Numéros, *in-4* .... 72 fr.
Les mêmes, cinquième année, nos 49 à 51.
Chaque Numéro se vend séparément, à mesure qu'il paraît. 1 f. 50 c.
Chaque Année se vend aussi séparément. .... 18 fr.
Leçons sur les Applications du Calcul infinitésimal à la Géométrie. *Paris, Imp. Roy.* 1826 et 1828, 2 *vol. in-4 br.* .... 12 fr.
   Le tome 2, 1828, *in-4. br.* .... 4 fr.
Mémoire sur l'application du Calcul des Résidus à la solution des problèmes de physique mathématique. *Paris*, 1827, *in-4. br.* .. 3 fr. 50 c.
Leçons sur le Calcul différentiel. *Paris*, 1829, *in-4. br.* .... 10 fr.
Mémoire sur la résolution des équations numériques, et sur la théorie des éliminations. *Paris*, 1829, *in-4. br.* .... 3 fr.
   Ce Mémoire forme les nos 40 et 41 des exercices mathématiques, et se vend séparément.
Mémoire sur la Théorie de la Lumière. *Paris*, 1830, *in-8* ...... 75 c.
Mémoire sur la dispersion de la Lumière. *Paris*, 1830, *in-4. br.* 1 fr. 50 c.

Astronomie solaire d'Hipparque soumise à une critique rigoureuse, et ensuite rendue à sa vérité primordiale, par J. B. P. Marcoz. *Paris*, 1828, *in-8. br.* .... 7 fr.
Nouveau Testament de N. S. J. C. traduit en langue turque, par M. Kieffer. *Paris, Impr. Roy.* 1819, *in-8. br.* .... 15 fr.
— Le même, *en Grand Pap.* .... 20 fr.
Anthologie arabe, ou Choix de poésies arabes inédites, traduites pour la première fois en français, avec le texte et des notes, par M. Grangeret de la Grange. *Paris, Impr. Roy.* 1828, *in-8. br.* .... 10 fr.
— La même, *Pap. Vél. cart.* .... 15 fr.
Contes Turcs, en langue turque, extraits du roman intitulé : *les Quarante Visirs*, par Belletête. *Paris*, 1812, *in-4. br.* .... 8 fr.
— Les mêmes, *en Pap. Vél.* .... 15 fr.
L'Enlèvement d'Hélène, poëme de Coluthus, (en grec,) trad. en français, accompagné d'une version latine, par A. Stan. Julien, et suivi de quatre traductions, en italien, en anglais, en espagnol et en allemand. *Paris*, 1823, *gr. in-8. br.* .... 13 fr.
— Le même, *Pap. Vél.* .... 26 fr.
De Syntipa et Cyri filio Andreopuli narratio gr. edita et notis illustrata à J. F. Boissonade. *Parisiis*, 1828, *in-12. br.* .... 4 fr

Aristæneti Epistolæ, gr. et lat. ad fidem cod. Vindob. recensuit; Merceri, Pauwii, Abreschii, Huetii, Lambecii, Bastii, aliorum notis suisque instruxit J. F. Boissonade. *Lutetiæ*, 1822, *in-8. br.*... 16 fr.

Collection des meilleurs auteurs italiens, soit en vers, soit en prose, regardés comme classiques, imprimés chez Prault, Delalain et Molini. *44 vol. petit in-12. br.* .... 100 fr.
   Tous les auteurs se vendent séparément.

Voyage à Meroë, au Fleuve Blanc, au-delà de Fazoql, dans le midi du royaume de Sennar; à Syouah et dans cinq autres Oasis, dans les années 1819 à 1822, par M. F. Cailliaud. *Paris*, 1823 à 1827, *2 vol. de planches en noir, in-fol. et 4 vol. de texte in-8. fig color.* ... 300 fr.
   Les deux volumes in-folio se composent de 150 planches et cartes géographiques.

— Le même, *Pap. Vél. fig. color.* .... 560 fr.

— Le même, *Gr. Pap. ord. fig. color. imprimé du même format que la Description de l'Egypte, et pour y faire suite* .... 480 fr.

— Le même, *Gr. Pap. Vél. fig. color.* .... 850 fr.

— Les quatre volumes de texte, seuls, *fig. noires* .... 30 fr.

— Les mêmes, *fig. color.* .... 35 fr.

Géographie des Grecs, analysée par M. Gossellin. *Paris*, 1790. = Recherches sur la géographie des anciens, par le même. *Paris*, 1798, *5 vol. gr. in-4. avec 60 cartes géogr. br. en cart.*............ 96 fr.

Recherches sur la géographie des anciens, *4 vol. in-4*............ 75 fr.

— Les mêmes, tomes 3 et 4, *2 vol. in-4*...................... 42 fr.

Description de l'Egypte, édition originale, troisième livraison, troisième section, *Pap. Fin*. .... 500 fr.
   Pap. Vélin... 750 fr.
   L'Atlas géographique seul .... 500 fr.
   Cette dernière section complète entièrement ce grand et magnifique ouvrage.
   L'ouvrage complet, *Pap. Fin*, se vend .... 4000 fr.
   Pap. Vélin.. 6000 fr.

Examen analytique et Tableau comparatif des synchronismes de l'histoire des temps héroïques de la Grèce, par L. C. F. Petit-Radel. *Paris, Impr. Roy.* 1827, *in-4. br*............................ 12 fr.

L'Espagne sous les Rois de la Maison de Bourbon, depuis Philippe V jusqu'à la mort de Charles III; trad. de l'anglais de W. Coxe, par M. Muriel. *Paris*, 1827, *6 vol. in-8. br.* .... 40 fr.

Recueil de Médailles grecques inédites, publiées par M. Edouard de Cadalvène; Europe. *Paris*, 1828, *in-4. fig. br.*.............. 25 fr.

Description des Médailles antiques du cabinet de feu M. Allier de Hauteroche, accompagnée de 16 planches gravées contenant près de 400 médailles, d'une Notice et de Notes numismatiques, par M. Dumersan. *Paris*, 1829, *in-4. br.*................................ 15 fr.

Description des Médailles grecques, par M. Mionnet. *Paris*, 1806, *in-8.* Les tomes 3, 4, 5, 6; *4 vol. br. fig.* .... 81 fr.

Recueil de Planches pour les 6 vol. *in-8. br.* .... 30 fr.

Supplément aux Médailles grecques. *Paris*, 1819 à 1830; les tomes 1 à 5, *in-8. fig. br.*................................... 128 fr.

— Le même Supplément, tome V, 1830, *br.*................. 24 fr.

De la Rareté et du Prix des Médailles romaines, par M. Mionnet; seconde édition, considérablement augmentée. *Paris*, 1827, *2 vol. in-8. fig. br.*.. 33 fr.

Deux Lettres à milord comte d'Aberdeen, sur l'authenticité des Inscriptions de Fourmont, par M. Raoul-Rochette, de l'Académie des Inscriptions *Paris, Impr. Roy.* 1819, *in-4. fig. br.* .... 6 fr.

Iconographie grecque, par E. Q. Visconti, de l'Institut. *Paris, de l'impr. de Didot l'aîné,* 1811, 3 *vol. in-4. avec un atlas de* 59 *planch. in-fol. atlant. cart.* .... 240 fr.

Iconographie romaine, tome 1er, Hommes illustres, par le même. *Paris, de l'impr. de Didot l'aîné,* 1818, *in-4. et atlas de* 17 *planches in-fol. atlant. cart.* .... 72 fr.

—La même, tomes II et III, publiés par M. Mongez, membre de l'Académie des Inscriptions, de l'Institut. *Paris,* 1821 *et* 1826, 2 *vol. in-4. accompagnés chacun d'un bel atlas in-fol. atlant. cart.*.. 200 fr.

Restitution de deux Frontons du temple de Minerve, à Athènes, par M. Quatremère de Quincy. *Paris,* 1825, *in-fol. cart. avec* 3 *pl.* 10 fr.

     Cette édition est la même que celle réimprimée dans les deux volumes que M. Quatremère de Quincy vient de publier.

Histoire et Mémoires de l'Académie royale des Inscriptions et Belles-Lettres, tom. 47 à 50. *Paris,* 1809, 4 *vol. in-4. fig. en feuilles.* 80 fr.

Catalogue des Livres imprimés sur Vélin, de la Bibliothèque du Roi; avec le Supplément. *Paris,* 1822 *et* 1828, 6 *tomes en* 5 *vol. gr. in-8. br.* .... 47 fr. 50 c.

—Le même, le Supplément seul, *gr. in-8. br.* .... 7 fr. 50 c.

Catalogue des Livres imprimés sur Vélin, qui se trouvent dans des bibliothèques tant publiques que particulières, avec le Supplément. *Paris,* 1824 *et* 1828, 4 *vol. gr. in-8. br.* .... 37 fr. 50 c.

—Le même, le Supplément seul, *gr. in-8. br.* .... 7 fr. 50 c.

—Les mêmes Catalogues, 10 *tomes en* 9 *vol. in-8. Gr. Pap. Vél. cart.*

—Tiré à très petit nombre .... 140 fr.

Notice sur Colard Mansion, libraire et imprimeur de Bruges en Flandre, dans le xve siècle, par l'auteur du Catalogue des Livres imprimés sur Vélin, de la Bibliothèque du Roi. 1 *vol. in-8. fig.* ..... 9 fr.

—Le même, *Gr. Pap. cart.* .... 15 fr.

Saulsaye. Eglogue de la vie solitaire. *Lyon, Jean de Tournes,* 1547, (*Aix,* 1829,) *petit in-8. br.* .... 2 fr. 50 c.

—Le même ouvrage, *Pap. Vél. br.* .... 5 fr.

—Le même, sur *pap. rose* .... 7 fr. 50 c.

—Le même, sur *pap. bleu.* .... 7 fr. 50 c.

     Cette réimpression d'un opuscule très rare, est faite par M. Pontier, libraire à Aix; il n'en a été tiré que 50 exemplaires sur *pap. ordin.* 20 sur *pap. vélin d'Annonay,* 8 sur *pap. rose,* 8 sur *pap. bleu,* et 1 sur *Vélin.*

Mémoire sur le préambule d'un édit de l'empereur Dioclétien, relatif au prix des denrées de l'empire romain, avec 2 planches lithogr. par MM. de Fonscolombe. *Paris,* 1829, *in-8. br.* .... 4 fr.

Collection des Moralistes anciens, contenant Epictète, Confucius, Sénèque, etc. *Paris, de l'impr. de Didot l'aîné,* 16 *vol. in-18. pap. d'Annonay, et Pap. Vél. br.* .... 48 fr.

OEuvres complètes de Pothier, avec les OEuvres posthumes. *Paris;* 1781, 8 *vol. in-4. en feuilles* .... 38 fr.

     Cette édition est l'originale.

DE L'IMPRIMERIE DE CRAPELET,
RUE DE VAUGIRARD, N° 9.